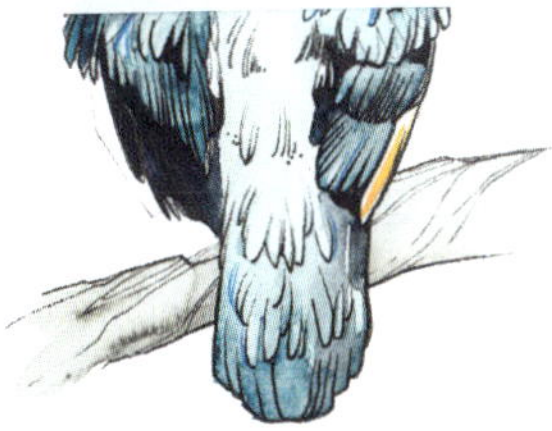

Animals

25 Tiere zeichnen mit Watercolor-Effekt

EMF

EIN BUCH DER
EDITION MICHAEL FISCHER

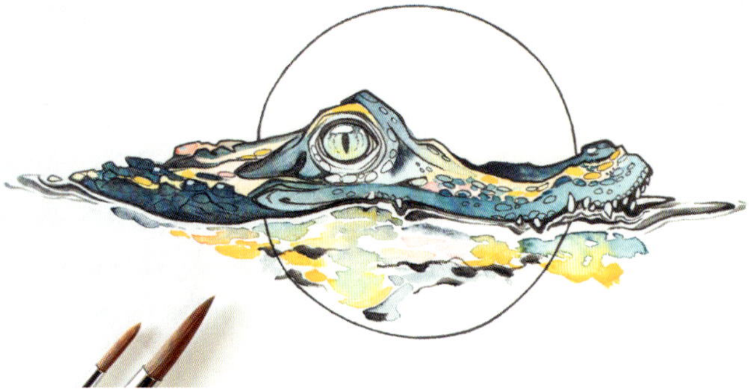

Inhalt

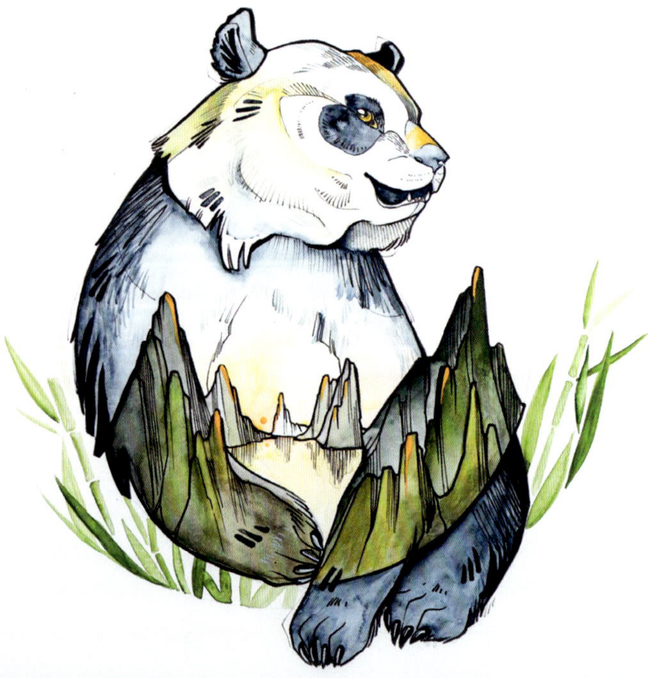

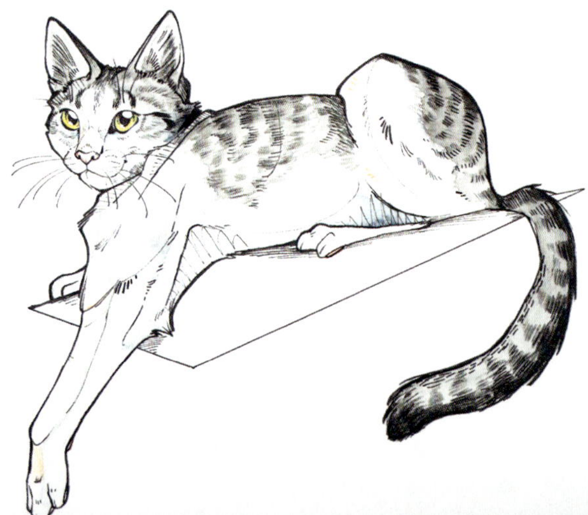

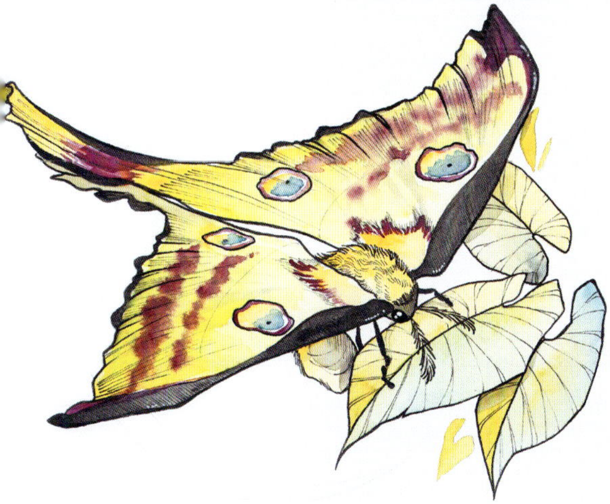
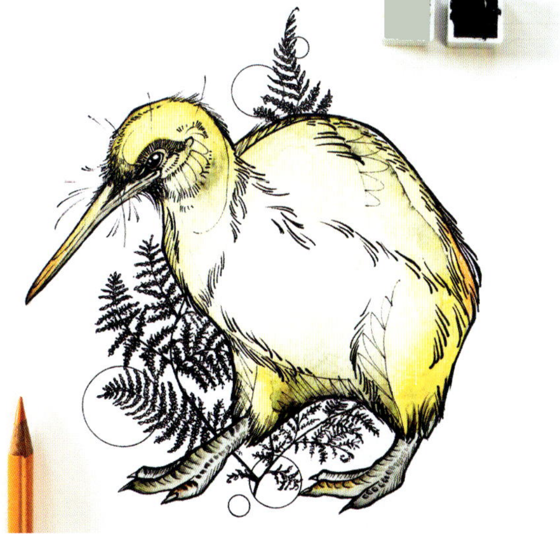

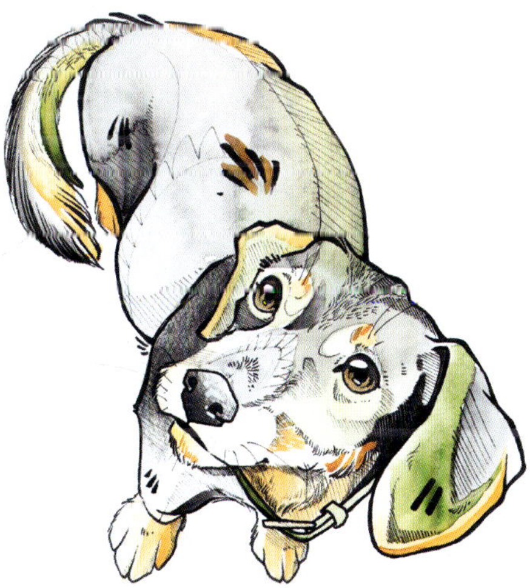
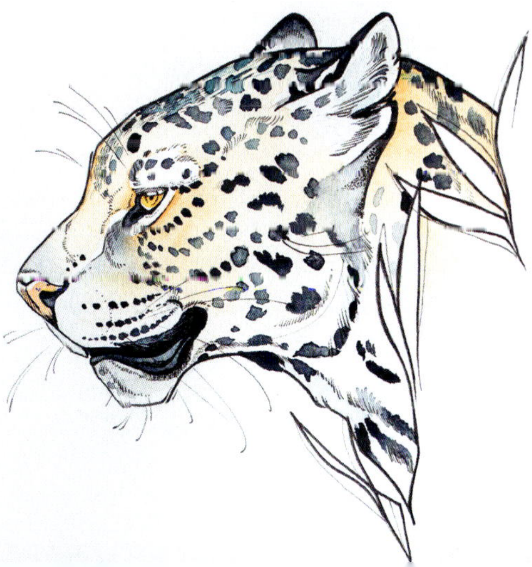

Vorwort

Hi! Ich freue mich, dass du dich für dieses – mein erstes – Buch entschieden hast. Ich bin sehr gespannt, wie du es findest, denn es vereint zwei für mich sehr unterschiedliche Ausdrucksformen: das Zeichnen und Malen von Bildern, das ich liebe, und Worte, die ich nur schwer zu finden scheine.
Im Kindergarten war ich das Kind, das malen durfte, während die anderen bastelten. Im Poesiealbum stand unter „Was ich später werden möchte:“ Malerin. Zwischendurch wollte ich Mangaka werden, fand meine Geschichten aber nie gut genug, und für die Kunsthochschule fehlte mir letztlich einfach der Mut.
Im Architekturstudium habe ich versucht, die Entwürfe und Pläne so aussagekräftig zu gestalten, dass ich selbst möglichst wenig sagen muss, und meine liebsten Fächer waren die Kunstkurse. Wie man merkt: Worte sind nicht mein bevorzugtes Medium.
Umso schöner ist der Umstand, dass sich dieses Buch dem Malen und Zeichnen von Tieren widmet, den Themen, die mich seit meiner Kindheit fesseln und begeistern. Tiere haben ihre eigene Kommunikation über Körpersprache, Laute, Färbung und Geruch. Sie verstehen sich (und auch uns Menschen) ohne viel Gerede. Ihren Zauber bildlich einzufangen, gehört zu meinen größten Leidenschaften.

In diesem Buch zeige ich dir Grundlagen, wie du am besten mit dem Zeichnen von Tieren beginnst, und führe dich von der Vorlage zur fertig kolorierten Tierillustration. Du wirst keine realistischen Abbilder finden, aber hoffentlich Inspiration, Freude an Farbe und einige hilfreiche Tipps. Ich möchte dir damit eine kleine Starthilfe für deine Reise in die Tierwelt geben und dich ermutigen, eigene Ideen umzusetzen und deinen Stil zu finden.

Genug der Worte, lass uns loslegen!

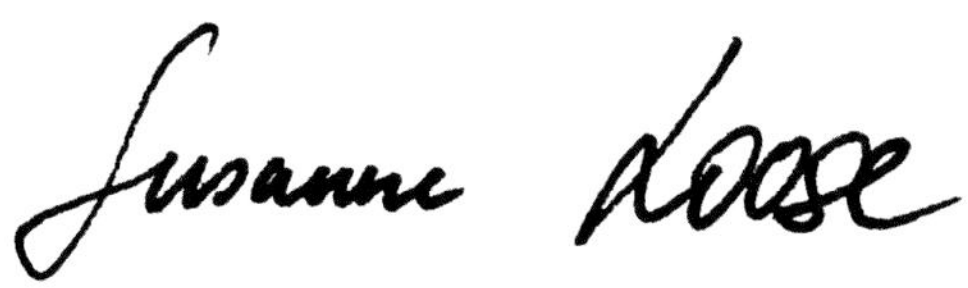

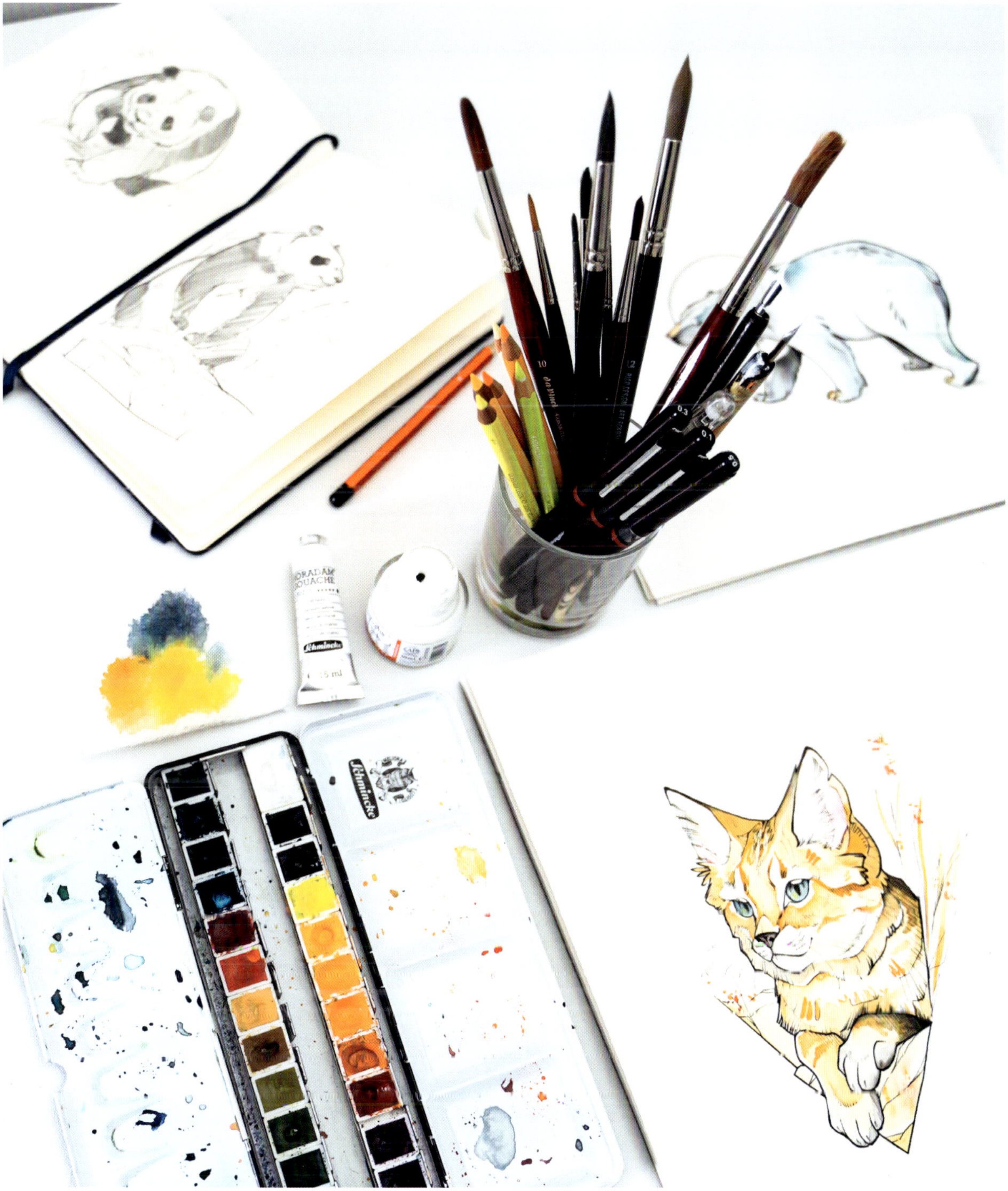

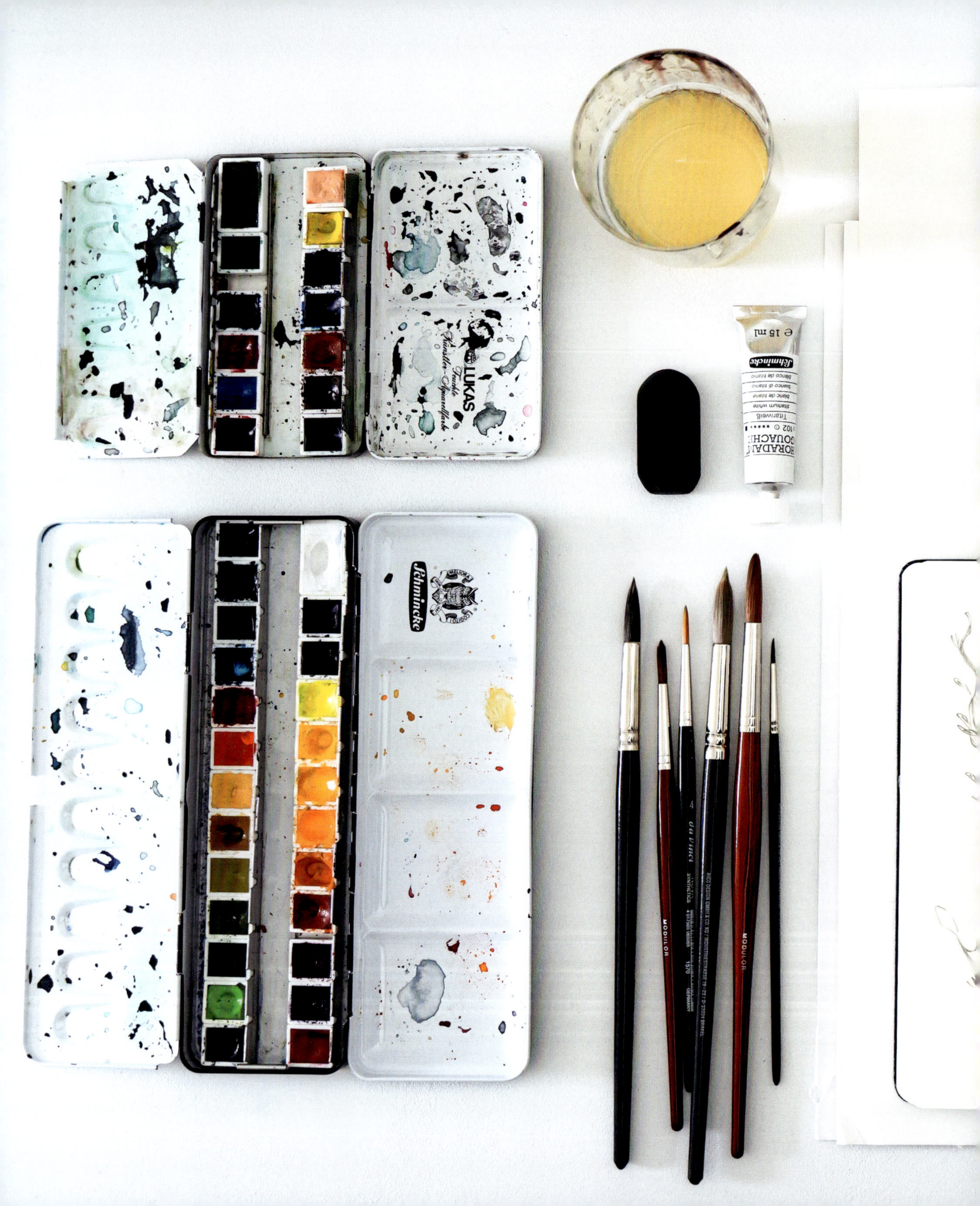
LUKAS
Schmincke
HORADAM GOUACHE
Titanweiß
titanium white
MODULOR
MODULOR

Grundlagen

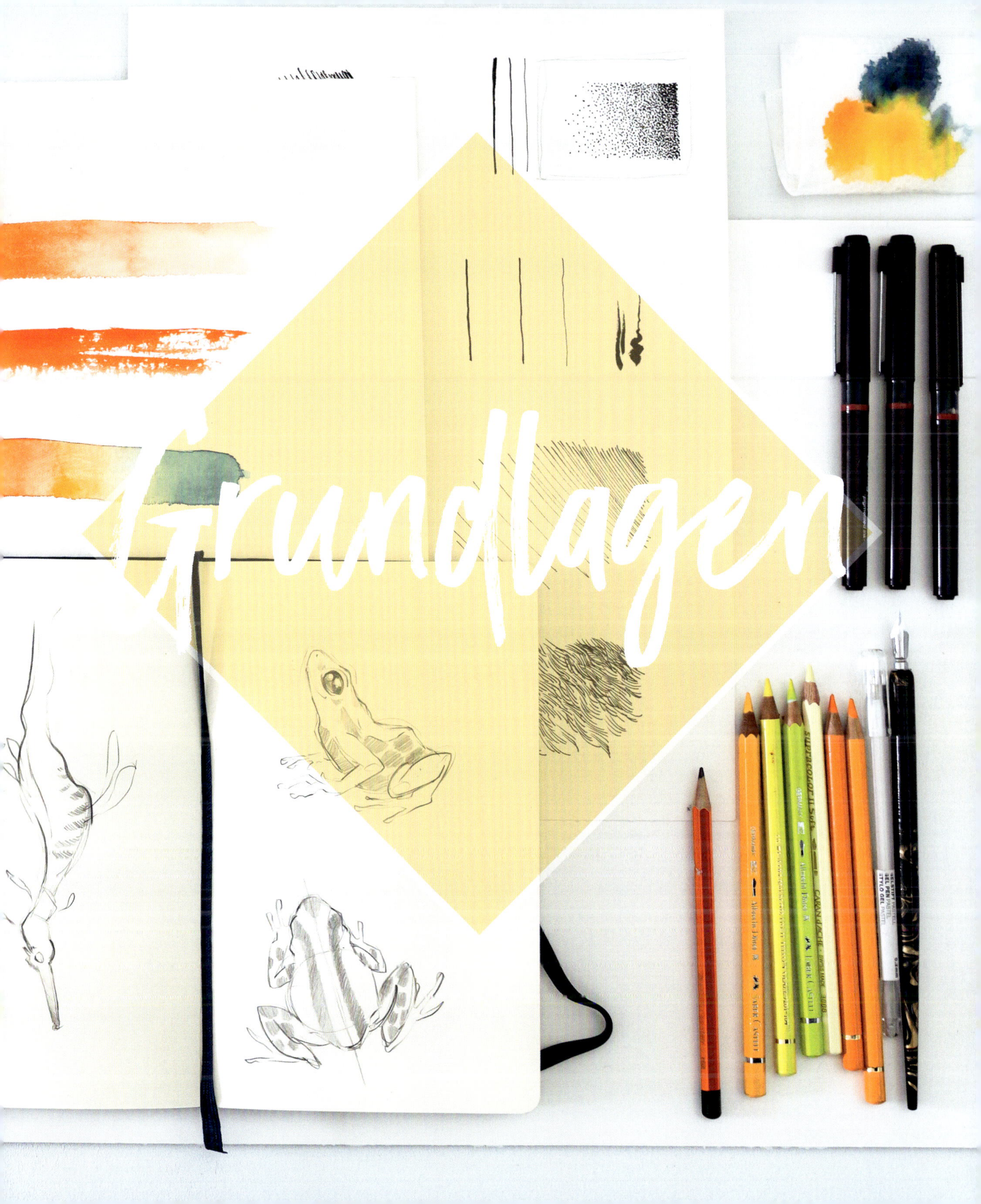

Materialien

Es gibt fast nichts Schöneres für mich, als durch einen Bastelladen oder Künstlerbedarf zu schlendern. All die Farben, Papiere, Pinsel und Stifte! Im Folgenden stelle ich dir die Materialien vor, die ich für die Projekte in diesem Buch benutze. Bitte bedenke, dass es sich dabei nur um eine kleine Auswahl handelt von dem, was es noch zu entdecken gibt.

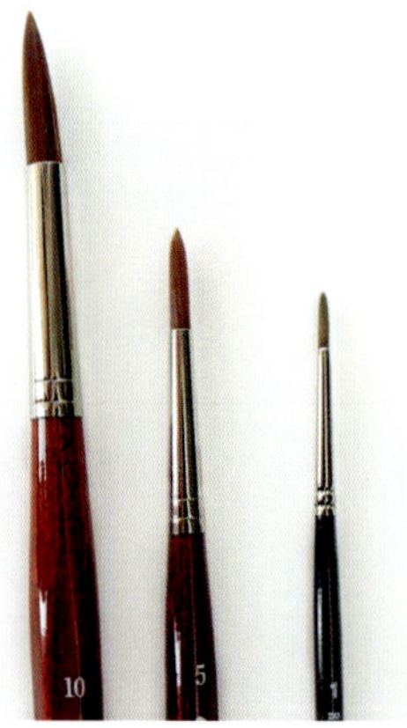

PINSEL

Pinsel gibt es in verschiedenen Formen, z. B. Rundpinsel, Flachpinsel oder Konturpinsel, in verschiedenen Größen und aus unterschiedlichen Materialien, z. B. Naturhaar oder Kunstfasern. Wichtig ist, dass der Pinsel für Aquarell geeignet ist, weiche biegsame Fasern hat und Wasser gut aufnimmt bzw. abgibt. Meine persönlichen Favoriten sind Rundpinsel, da sie einfach zu handhaben sind. Große Flächen lassen sich mit einem großen Pinsel gut füllen, aber auch kleine Details sind durch die feine Spitze möglich. Beim Malen selbst verwende ich oft nur drei verschiedene Größen: 1 mm, 5 mm und 10 mm.

FARBEN

Aquarellfarben gibt es in Näpfchen, Tuben oder flüssig zu kaufen. Auf jeden Fall lohnt es sich, professionelle Künstlerqualität zu wählen. Die Farben sind meiner Erfahrung nach intensiver und satter, leichter zu verarbeiten und oft sehr ergiebig. Eine kleine Auswahl hochwertiger Näpfe macht mehr Freude als viele preiswerte Studienfarben.
Mein Farbkasten ist ein fast 25 Jahre alter Aquarellkasten, den ich meiner Mutter abgeluchst habe, und einige Farben sind tatsächlich noch von der ersten Bestückung. Am liebsten verwende ich die Farben der Marke Schmincke.

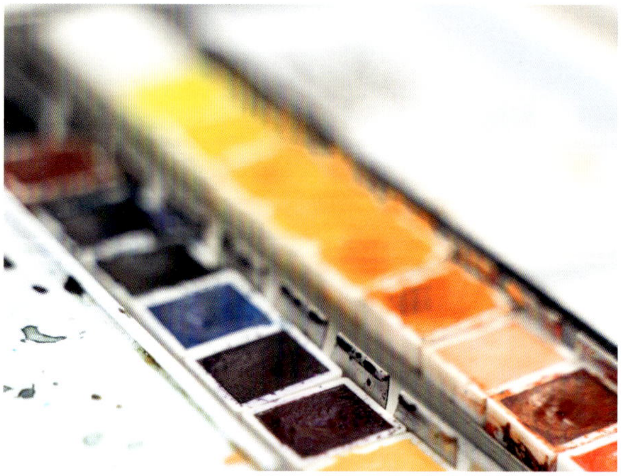

Folgende Farben verwende ich in den Projekten dieses Buchs:

- Titan-Deckweiß

Gelb- und Orangetöne:

- Kadmiumgelb zitron
- Kadmiumgelb hell
- Chromgelbton dunkel
- Kadmiumgelb dunkel
- Kadmiumorange hell
- Chromorangeton
- Orange
- Neapelgelb rötlich

Rosa und Violett:

- Krapplack Rosa
- Brillant Opernrosa
- Chinacridon Violett
- Chinacridon Purpur

Blau und Türkis:

- Türkisblau
- Kobaltcoelin
- Preußischgrün

Hinweis

Die hier angegebenen Farbbezeichnungen beziehen sich auf Schmincke-Farben. Anhand der Farbflächen kannst du natürlich auch ähnliche Farben anderer Hersteller wählen.

Grün:

- Permanentgrün oliv
- Olivgrün gelblich
- Lasurgoldgrün

Ocker:

- Lichter Ocker natur
- Titangoldocker

Dunkle Farben für Schatten:

- Indigoblau
- Paynesgrau bläulich
- Perylengrün
- Elfenbeinschwarz
- Anthrazit

Du musst nicht zwingend all diese Farben benutzen. Oft reichen ein oder zwei Farben der gleichen Farbgruppe aus, um ein breites Spektrum an Zwischentönen zu erzeugen. Meine Tiermotive sind illustrativ gestaltet und nicht zwangsläufig in der echten Farbung des Tieres gehalten. Lass dich davon inspirieren und tausche gegebenenfalls Farben gegen deine Lieblingsfarben aus.

STIFTE

Tuschestifte

Ein Arbeitsmittel, das ich stets verwende, ist der Fineliner oder Tuschestift. Schwarze Konturen, Schraffierungen und Gekritzeltes machen einen Großteil meiner Bilder aus. Am besten benutzt du einen Stift mit wasser- und lichtfester hochpigmentierter Tusche. Damit stellst du sicher, dass die Linien nicht verwischen, egal ob du die Linien vor oder nach dem Kolorieren ziehst. Alternativ kannst du auch wasserfeste Zeichentusche und Feder verwenden. Es besteht allerdings die Gefahr von Klecksen, und der Umgang erfordert Übung. Bei den Finelinern nutze ich gern drei verschiedene Stärken: 0,1 mm, 0,3 mm und 0,5 mm.

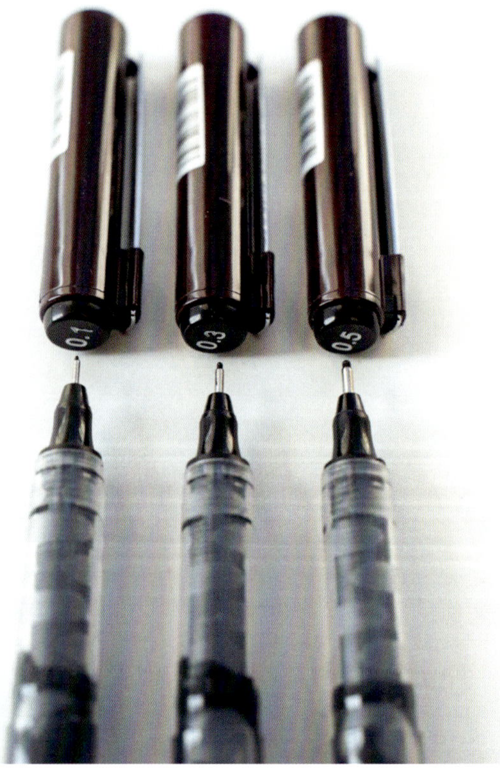

Weiß

Für das Setzen von Glanzlichtern oder Höhen nutze ich gern weiße Zeichentusche und Feder, weiße Gouache und Pinsel oder einfach einen weißen Lackstift.

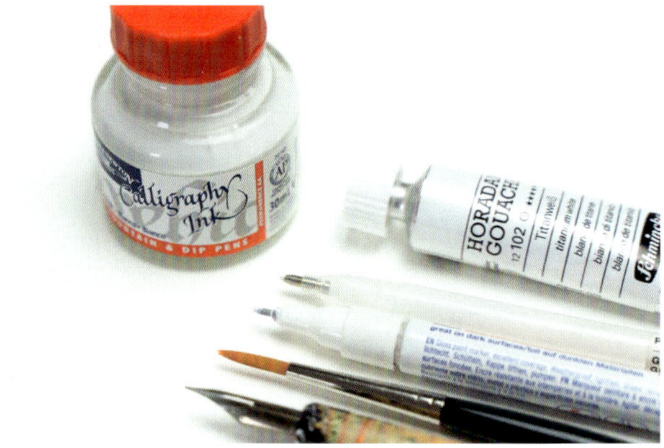

Buntstifte

Nach dem Kolorieren mit Aquarellfarben kann man mit Buntstiften wunderbar Akzente setzen, kleine Details einfügen oder den Kontrast innerhalb einer Fläche verstärken.

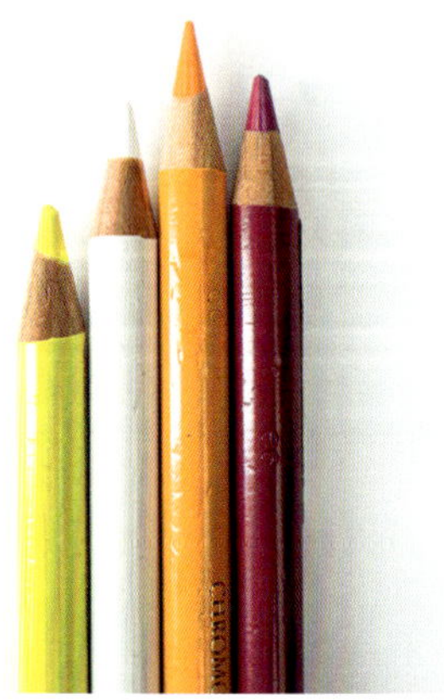

PAPIER

Es gibt unzählige verschiedene Papiere, die sich in Zusammensetzung, Stärke und Textur unterscheiden. Wichtig ist ein Verweis auf dem Deckblatt des Blocks, dass er für Aquarelltechniken geeignet ist. Je dicker das Papier, umso weniger besteht die Gefahr, dass es sich beim Farbauftrag verformt oder wellt. Raue Papieroberflächen geben dem Bild etwas mehr Textur, was du bei der Gestaltung bedenken solltest.

In den folgenden Projekten nutze ich das Echt-Bütten Aquarellpapier (200 g/m²) rau, das Bamboo Mixed Media (265 g/m²) und das Britannia Aquarellpapier (300 g/m²) satiniert, alle Blöcke sind von Hahnemühle.

SONSTIGE HELFERLEIN

- Bleistifte verschiedener Härten: Ich nutze H2, HB und B2.
- Radiergummi: möglichst weich, um das Papier zu schonen
- Zirkel, Lineal und Geodreieck
- zwei saubere Wassergläser: Solltest du mit sehr unterschiedlichen Farben arbeiten, lohnt es sich, mehrere Wassergläser zum Auswaschen der Pinsel bereitzustellen. So musst du nicht ständig frisches Wasser nachfüllen und verhinderst einen Farbstich durch schmutziges Wasser, wenn du eine neue Farbe aufnimmst.
- Papiertücher
- Maskierflüssigkeit/Rubbelkrepp (optional)

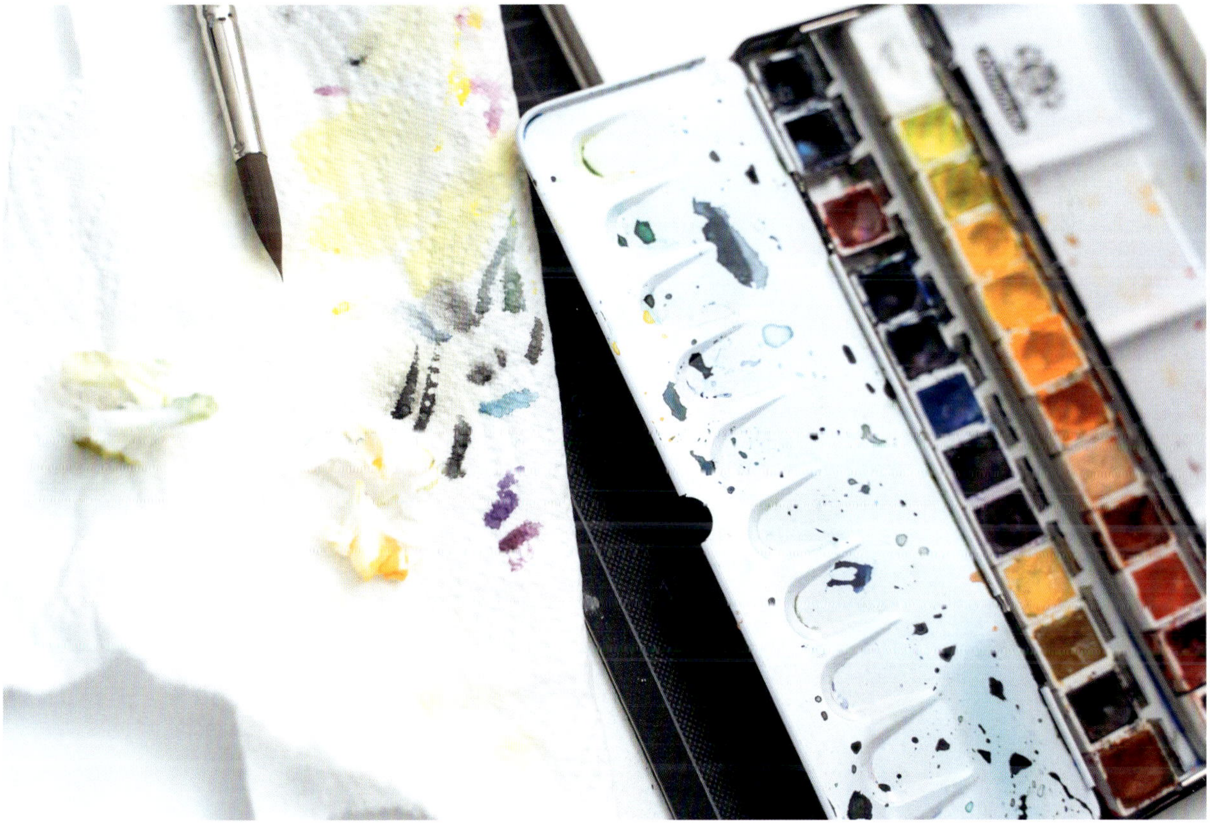

Formschraffur

Um den Motiven einen illustrativen Charakter zu geben, eignen sich grafische Schraffuren. Diese helfen, die Form des Tierkörpers plastischer darzustellen, Licht und Schatten hervorzuheben oder Fell anzudeuten. Am liebsten zeichne ich eine bunte Mischung der im Folgenden aufgeführten Schraffurarten in meinen Bildern.

LINIEN

Gerade, parallel verlaufende Linien verbinden sich in der Fläche zu einer Schraffur. Je dichter sie gesetzt werden, desto dunkler erscheint die Fläche. Die Länge der Linie kann den Charakter deiner Zeichnung verdeutlichen. Lange durchgehende Linien wirken beispielsweise eher grafisch und clean.
Gibst du den Linien eine Richtung, kannst du der gezeichneten Form Volumen geben und eine dreidimensionale Wirkung unterstützen.

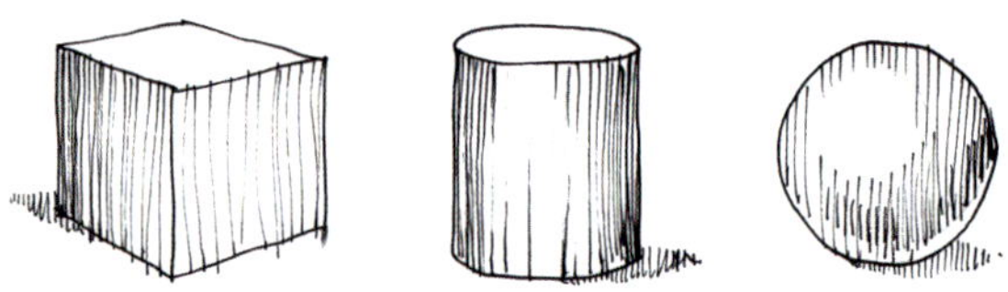

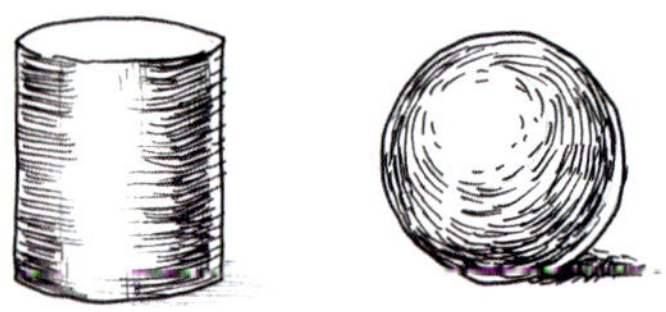

KREUZSCHRAFFUR

Die Kreuzschraffur zeichnet sich durch gekreuzte Linien aus. Je mehr Linien man setzt, umso dunkler wirkt der Bereich. Diese Schraffur kann auch leicht sehr wild werden, macht das Bild aber spannend.

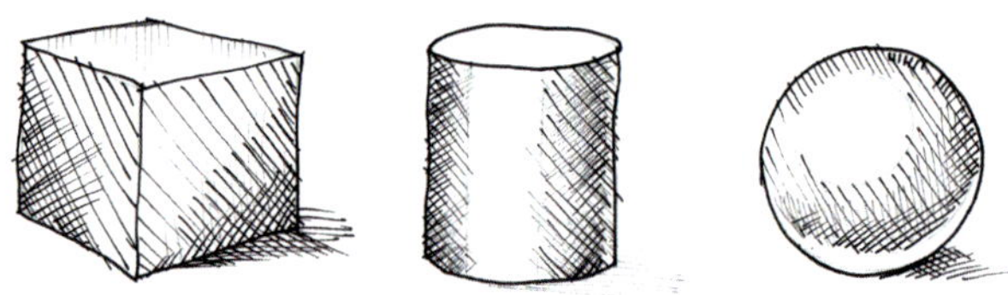

DOTWORK

Als Dotwork bezeichnet man eine Schraffur, die nur aus Punkten besteht. An helle Stellen setze ich wenige, an dunkle Stellen sehr viele Punkte. Je dichter die Punkte, desto schwärzer wirkt die Fläche. Von Hand gezeichnet, ist diese Technik zeitaufwendig und erfordert Geduld, hat aber einen schönen Effekt.

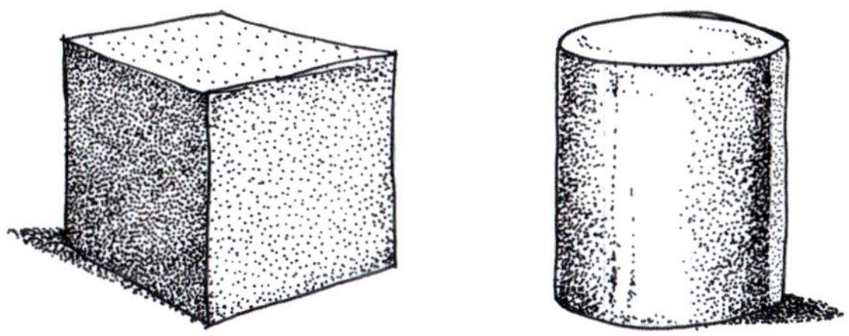

KRAKEL

Was ich liebevoll „Krakel“ nenne, sind schnell gezogene Linien und Striche, die an eine skizzenhafte Zeichnung erinnern. Ich nutze den Krakel als stilistisches Mittel, um dem Bild eine eigene Note zu verleihen.

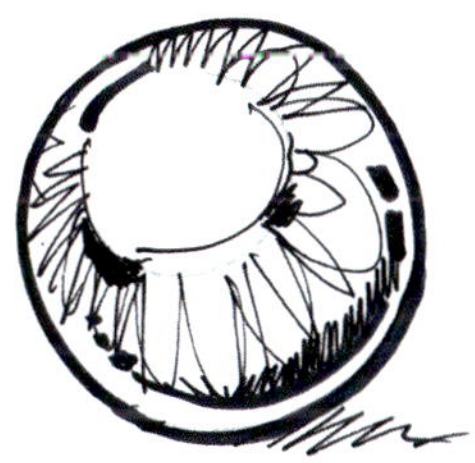

FELL

Um Fell anzudeuten, zeichne ich oft kurze dicht gesetzte Striche, die einen leichten Schwung haben oder eine kleine Kurve beschreiben. Die Spitze des Stifts bildet zu Beginn der Linie eine dickere Spitze und läuft zum Ende hin leicht aus.

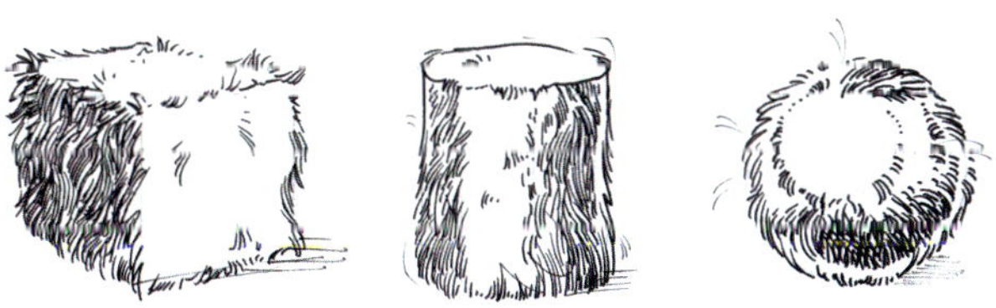

ÜBUNG

Versuche, die geometrischen Körper in den verschiedenen Schraffurtypen auszuarbeiten. So findest du die Schraffur, die dir am besten liegt. Du kannst auch verschiedene Typen mischen.

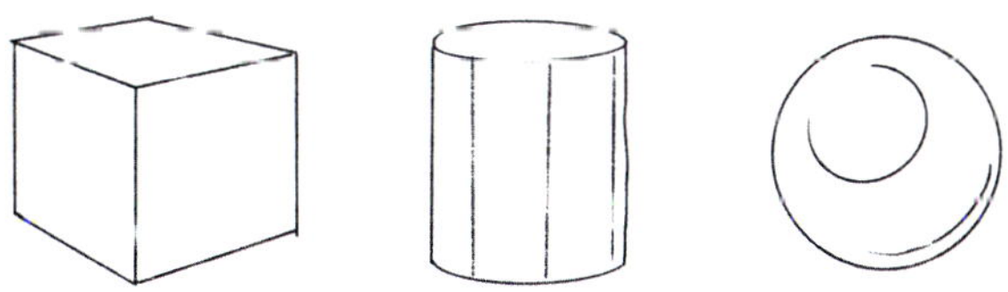

Tierkörper

Allgemeiner Aufbau

Zuerst mag es schwierig erscheinen, ein Tier einfach so zu zeichnen. Meine Tiermotive sind dabei keine perfekt realistischen Abbilder, sondern haben einen illustrativen Charakter und spiegeln das, was ich an den Tieren besonders interessant finde. Anhand der folgenden Tipps kannst du dich langsam an dieses Thema herantasten.

FORM ERKENNEN UND HILFSKONSTRUKTIONEN

Um das Tier mit den richtigen Proportionen zu zeichnen, ist es hilfreich, den Körper des Tieres in einfachen Formen wie Kreisen, Rechtecken oder Dreiecken aufzubauen. Für die gewünschte Dreidimensionalität eignen sich Kugeln, Quader oder Pyramiden noch besser. Der Kopf der Katze z. B. besteht aus einer großen Kugel für den Schädel und einer kleineren Kugel für die Schnauze. Die Ohren sind vorerst Pyramiden, die Nase ein Dreieck. Die Vorstellung der Kugel hilft dir, die richtige Position für die Augen zu finden oder an den richtigen Stellen Schatten zu setzen. Außerdem erkennst du leichter, welche Teile des Gesichts verdeckt sind, wie beispielsweise das zweite Auge, das man in der schrägen Ansicht des Kopfes nicht sieht.

Beispiel:

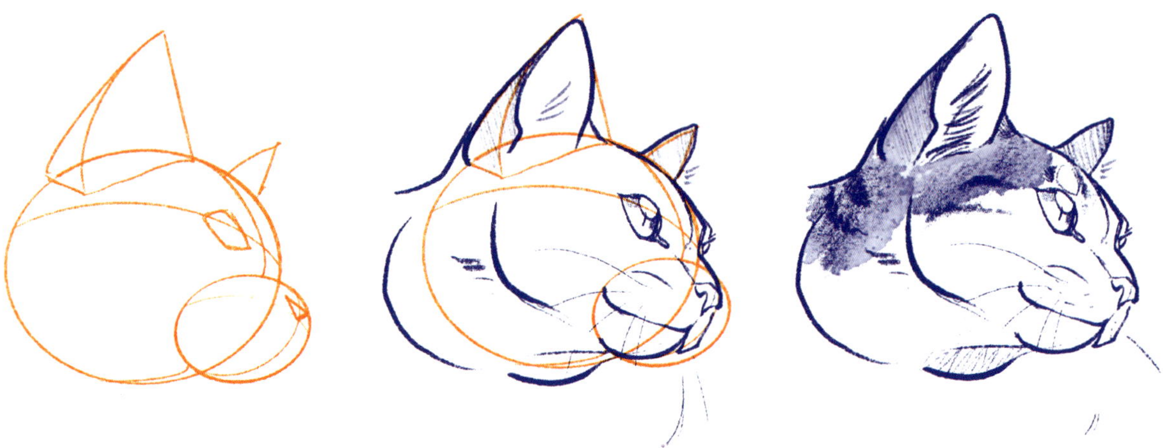

Bei der Darstellung des ganzen Körpers kannst du dir zuerst eine Art „Strichmännchen" vorzeichnen und baust dann die Form des Tieres um dieses Skelett herum. Je nach Perspektive entsteht ein „Vorne" und „Hinten", Körperteile bleiben auch hier zum Teil verdeckt. Zeichne dir auch eine Mittelachse ein, die der Wirbelsäule des Tieres folgt. Je nach Körperhaltung dreht sich diese Achse im Raum.

Diese Art von Hilfskonstruktion ist nicht immer notwendig, hilft aber, den Körperbau und die Bewegung des Tieres besser zu verstehen.
Mit den im vorangegangenen Kapitel gezeigten Schraffuren kannst du die Form noch einmal unterstreichen.

Beispiel:

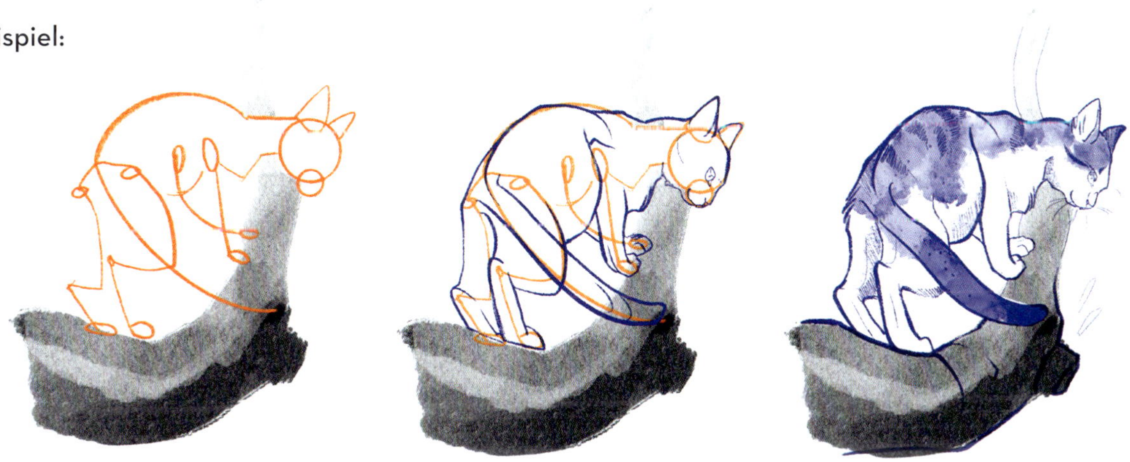

SKIZZENBUCH FÜHREN UND FOKUS FINDEN

Führe ein Skizzenbuch und habe es stets bei dir, denn wer weiß, wann du dich besonders inspiriert fühlst. Auch wenn das ein alter Spruch ist: Übung macht den Meister. Ich verspreche dir, beim späteren Durchblättern deiner Skizzen wirst du deinen Fortschritt sehen. Und das ist ein gutes Gefühl. Meine Skizzen sind zum Teil sehr einfach und wild, manchmal bestehen sie nur aus wenigen Strichen. Ich zeichne das Tier von verschiedenen Perspektiven oder nur Ausschnitte des Körpers, die mir besonders interessant erscheinen. So kann ich herausfinden, welcher Aspekt des Tieres in meinem Bild im Fokus stehen soll. Du musst also nicht gleich ein perfektes Abbild schaffen, sondern kannst auf spielerische Weise mit kleinen Skizzen dein Motiv finden.

Tipp

Sogenannte „Thumbnails" – englisch für Daumennagel und im übertragenen Sinne eine verkleinerte daumennagelgroße Version deiner Illustration – können dir helfen, das Bild zu organisieren. Es geht dabei nicht um eine saubere Zeichnung, sondern um eine schnelle und vor allem kleine Skizze zur Komposition der Elemente.

SKIZZEN

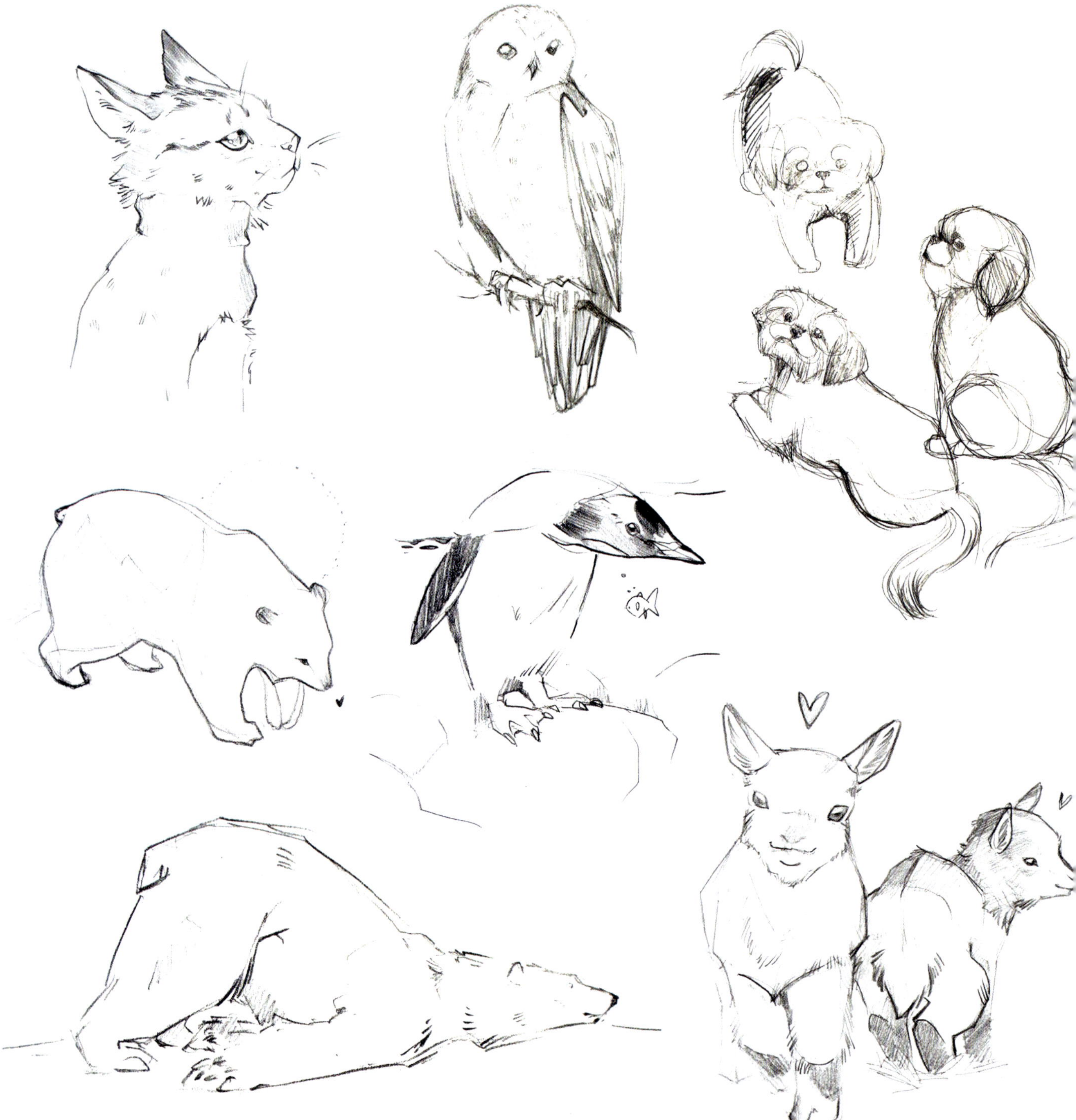

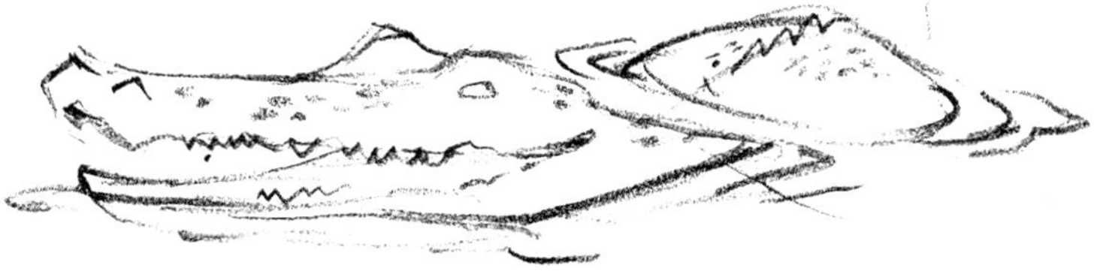

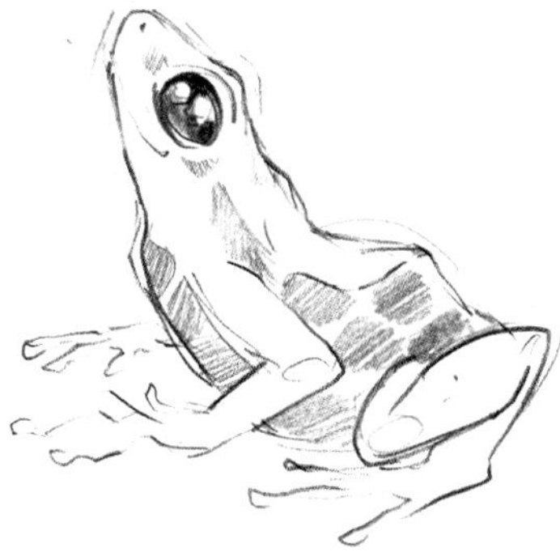

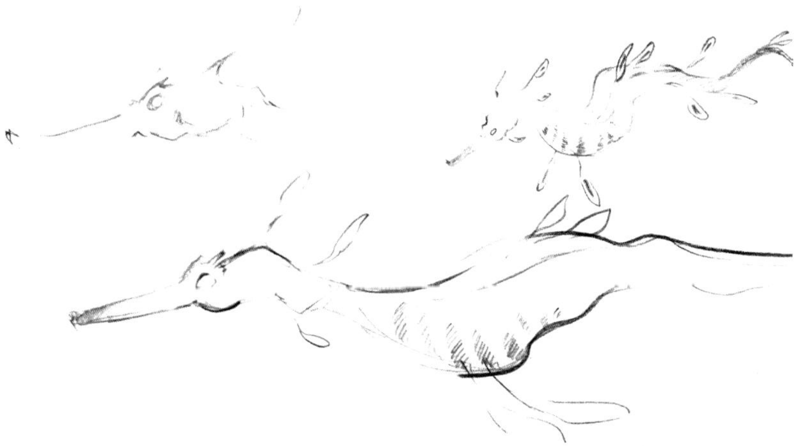

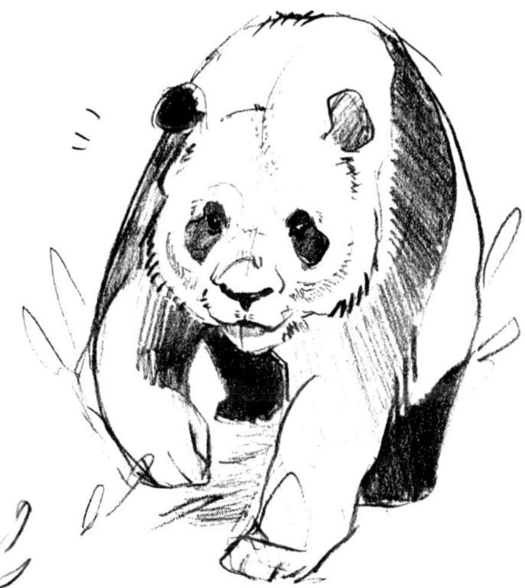

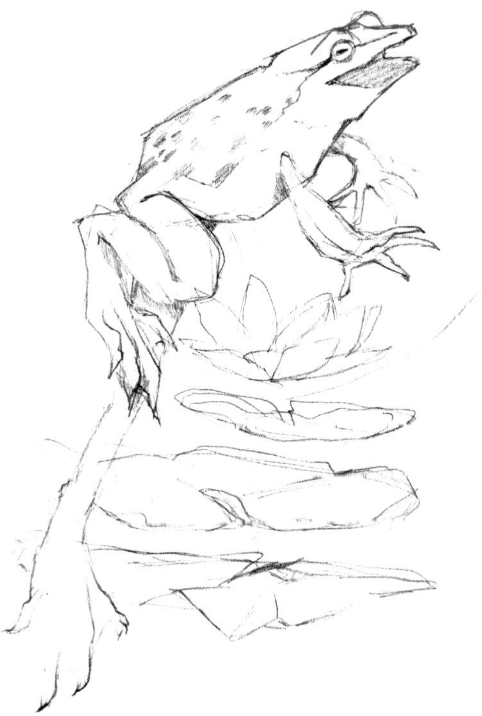

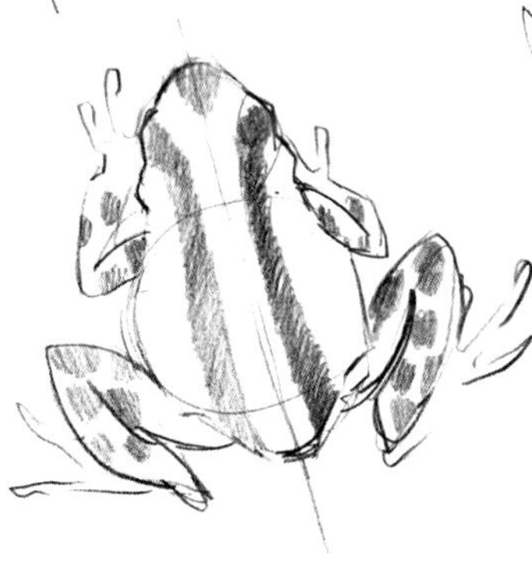

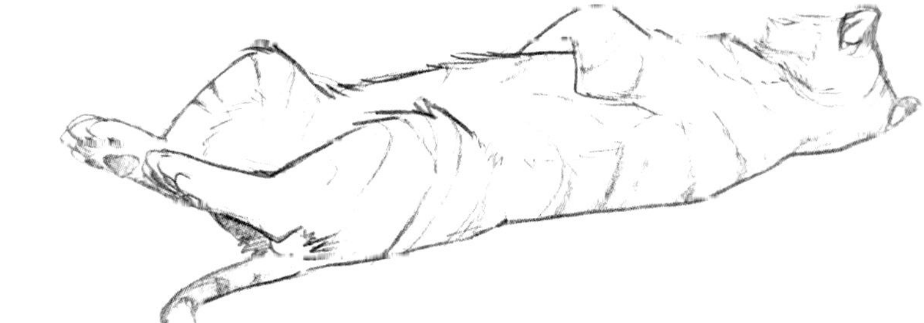

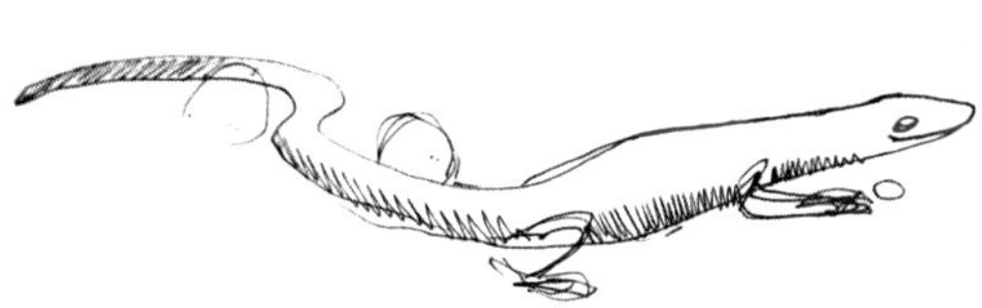

Farbauftrag und Verzierung

Hat man einmal das passende Motiv gefunden und die perfekte Skizze angelegt, kann es doch gleich losgehen – oder? Im Folgenden gebe ich dir einige Tipps an die Hand, wie du die Farbe aufträgst, Verläufe erzeugst und welchen Effekt die passende Verzierung ausmachen kann.

AQUARELLFARBEN

Anfänglich sind Aquarellfarben schwer zu beherrschen: Man setzt den Pinsel an, und schon macht die Farbe, was sie will. Doch mit ein paar Tricks und etwas Übung lernt man schnell, schöne Zeichnungen und Effekte zu erzielen.
Beim Malen mit Aquarell gibt es kein deckendes Weiß. Deshalb arbeitet man mit dem Weiß des Papiers. Die Farben variieren je nach Farbauftrag von sehr intensiv zu sehr blass, sie sind transparent und lassen sich gut überlagern. Es kommt immer auf die Menge des Wassers an, die du benutzt.

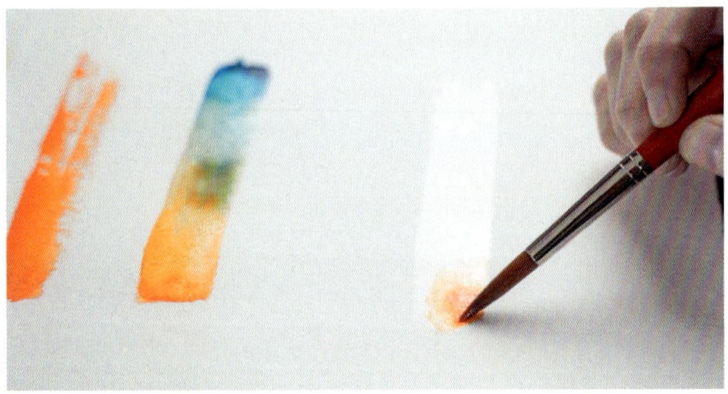

Farbverlauf

Farbauftrag mit viel Wasser

Ein Farbverlauf lässt sich auf verschiedene Weisen herstellen. Tupft man den in Farbe getauchten Pinsel auf eine angefeuchtete Fläche, so verbreitet sich die Farbe sehr schnell darauf. Auf dem Weg verliert sich das Pigment, und die Farbe erscheint immer blasser, je mehr Wasseranteil vorhanden ist. Auch beim häufigen Ziehen von Linien verliert der Pinsel nach und nach Pigment, und die Linien werden mit der Zeit weniger farbintensiv.

Farbauftrag mit wenig Wasser

Je weniger Wasser du verwendest, umso satter wird die Farbe aussehen. Je nach Struktur des Papiers können „ausgefranste" Ränder entstehen.

Mischen

Das Mischen von Aquarellfarben ist denkbar einfach, du kannst sie konventionell auf einer Palette mischen oder auch mit dem Pinsel auf dem Papier, wenn du mit viel Wasser arbeitest. Arbeitest du nass-in-nass, verlaufen die Farben, und es entsteht eine Mischung der Ausgangsfarben. Du erreichst diesen Effekt durch das Zusammenfügen zweier Verläufe. Auch durch gezieltes Auftupfen von Farbe kannst du bestimmen, an welchen Stellen viel und wenig Pigment zu sehen sein soll.

Da die Aquarellfarben nicht decken, kannst du auch mit der Transparenz arbeiten und erst eine Farbe auftragen und nach dem Trocknen die andere darüberlegen. Die sich überlagernden Pigmente ergeben dann schöne Zwischentöne.

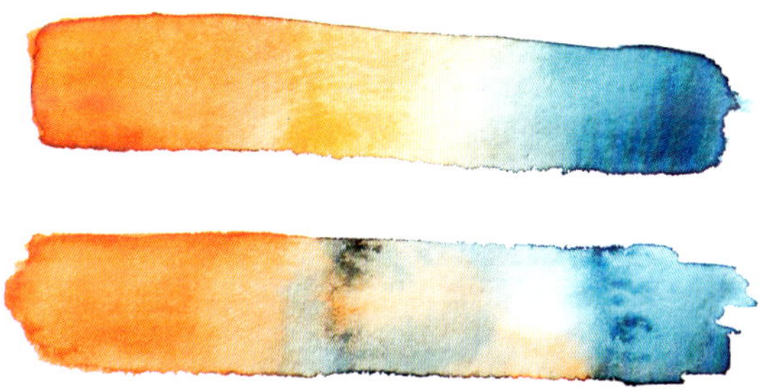

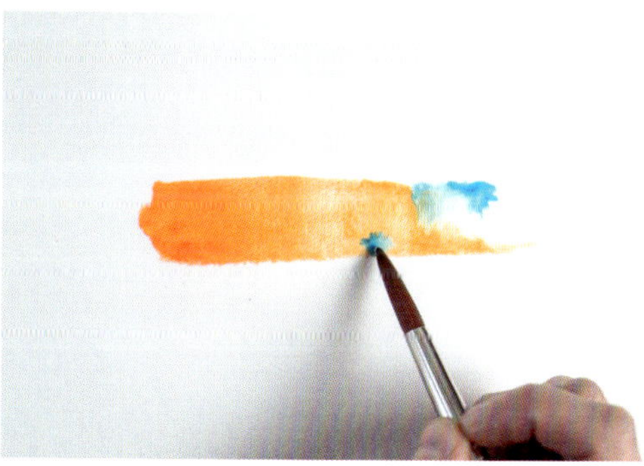

Nass-in-Nass-Technik

Korrigieren

Mit einem Papiertuch kannst du überschüssiges Wasser gut aufnehmen und so Bereiche mit zu viel Farbe korrigieren. Dies funktioniert auch, wenn die Farbe schon getrocknet ist. Du musst die Stelle lediglich noch einmal gut befeuchten. Auch ein dicker Pinsel kann überschüssige Farbe aufnehmen, tupfe diesen zuvor gut trocken. Achte aber darauf, dass das feuchte Papier nicht zu sehr beschädigt wird.

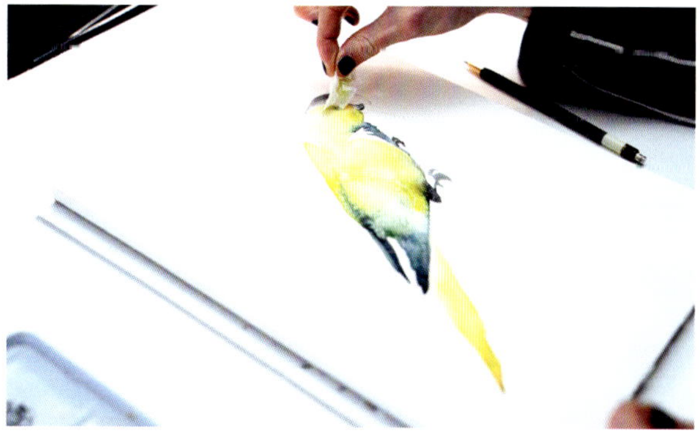

Tipp

Ärgere dich nicht, wenn die Farbe verschwimmt oder über die Form hinausgerät. Auch kleine Ränder und Ecken, die während des Trocknens sichtbar werden, sind meines Erachtens nicht schlimm. Ich finde, sie machen den verspielten Charakter und Zauber einer Aquarellzeichnung aus.

VERZIERUNG UND HINTERGRUND

Grundsätzlich ist erlaubt, was dir gefällt. Als Verzierung nutze ich oft einfache geometrische Formen wie Kreis, Dreieck oder Rechteck. Diese kann man als Linie belassen oder flächig ausarbeiten. Auch Pflanzen, Blüten, Landschaften oder andere Formen eignen sich als Hintergrund oder zum Ausbalancieren des Motivs auf dem Blatt. Arbeitest du mit einer reduzierteren Farbpalette, kann auch ein flächiger Farbakzent im Hintergrund sehr schön sein. Ist das Tier besonders farbenfroh, sollte der Hintergrund besser weniger bunt sein. Achte darauf, dem Tier trotzdem genug Raum zum Wirken zu geben.

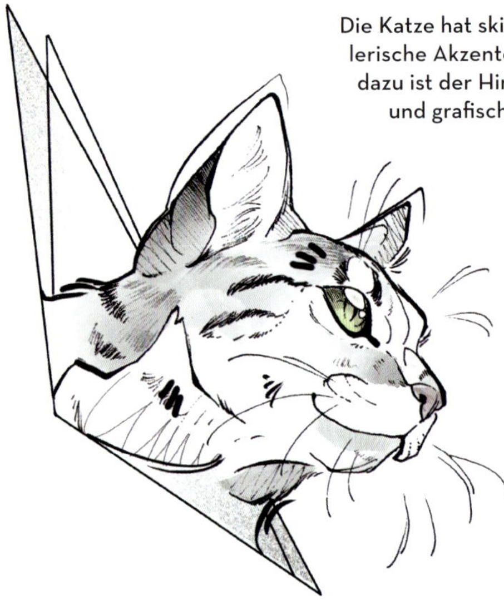

Die Katze hat skizzenhafte, spielerische Akzente. Im Gegensatz dazu ist der Hintergrund linear und grafisch zurückhaltend.

Beispiele:

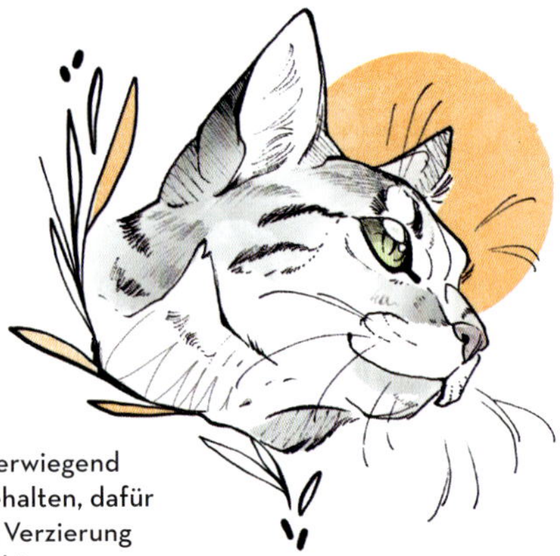

Die Katze ist überwiegend schwarz-weiß gehalten, dafür ist der Kreis als Verzierung plakativ und flächig.

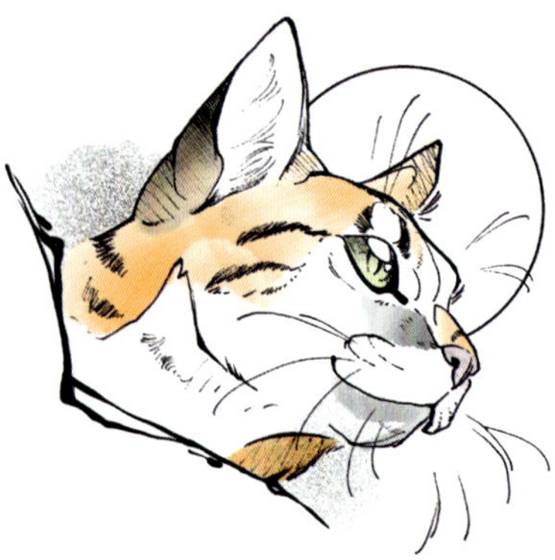

Hier ist die Katze farbig ausgearbeitet, deshalb bleibt der Hintergrund einfach und ohne zusätzliche Farbigkeit.

ÜBUNG ZU DEN GRUNDLAGEN

Welches Tier möchtest du zeigen, was sind seine besonderen Eigenschaften? Hat es einen besonders athletischen Körper, ein schönes Muster, spezielle Augen? Suche dir ein Foto des Tieres aus und studiere neben der Fellfärbung auch Bereiche, die im Licht und Schatten liegen. Kritzle ein paar Skizzen aus verschiedenen Blickwinkeln und probiere verschiedene Farben auf der Skizze aus. Übe im kleinen Format auf einem Schmierpapier Farbverläufe von Hell zu Dunkel. Mit dicht nebeneinandergesetzten Strichen in den schattigen Bereichen erreichst du eine plastische Wirkung. Achte dabei auf ein ausgewogenes Verhältnis im Gesamtbild, so dass es insgesamt nicht zu hell oder zu dunkel wird und die Kontraste gut zur Geltung kommen. Durch das Ausprobieren auf Papier erkennst du viel leichter, ob eine Idee funktioniert oder nicht. Sobald dir die Skizze gefällt, setzt du dich an die saubere Ausarbeitung des Motivs im großen Format.

Motivation und Inspiration

Bestimmt kennst du das: Du möchtest nun endlich loslegen und malen, sitzt vor einem weißen Blatt und weißt gar nicht, wo du beginnen sollst. Meine Devise lautet: einfach machen!

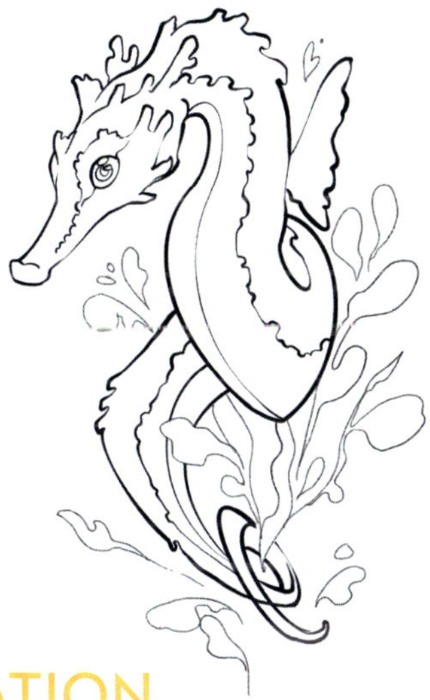

INSPIRATION

Die Tierwelt und deren Lebensräume faszinieren mich, seit ich ein Kind bin. Berührungspunkte für mich sind dabei Naturdokumentationen, sei es in Filmen oder Büchern, Fotostrecken oder Naturkundemuseen. Am schönsten ist es natürlich, wenn man selbst hinausgeht in die Wälder und auf Berge, um die Flora und Fauna selbst aus nächster Nähe bestaunen zu können.
Wenn es dir genauso geht, lass dich davon inspirieren. Die vielfältige Tierwelt bietet eine Menge erstaunlicher Wesen mit vielen Besonderheiten. Achte auf die kleinen Dinge, eine besonders schöne Fellfärbung, schillernde Farben, anmutige Bewegungen, alles kann Quelle der Inspiration sein und das nächste Thema für deine Illustration.

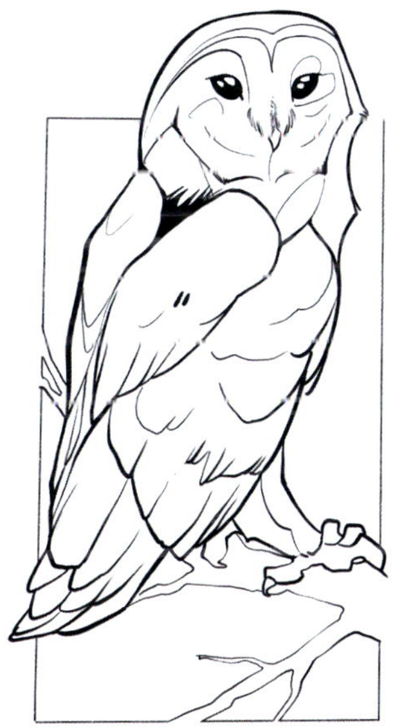

MOTIVATION

In der aktuellen Zeit hat man unendlichen Zugang zu Kunst und Illustrationen und wird mit Bildern überflutet. Es ist Segen und Fluch zugleich, und man wird leicht dazu verleitet, sich selbst als nicht gut genug anzusehen. Warum also überhaupt weitermachen? Eines ist sicher: Sich zu vergleichen, hat noch nie geholfen. Ich wünsche mir stattdessen, dass die Arbeiten anderer Künstler als Inspiration dienen, Ideen anstoßen und einfach Freude bereiten, statt das Feuer des inneren Kritikers zu entfachen. Nicht jeden Tag entsteht ein Meisterwerk, und das muss es auch gar nicht. Jage nicht dem perfekten Ergebnis hinterher, sondern erfreue dich am Entstehungsprozess, an den Materialien, den leuchtenden Farben und verbuche jede kleine Kritzelei als Fortschritt.

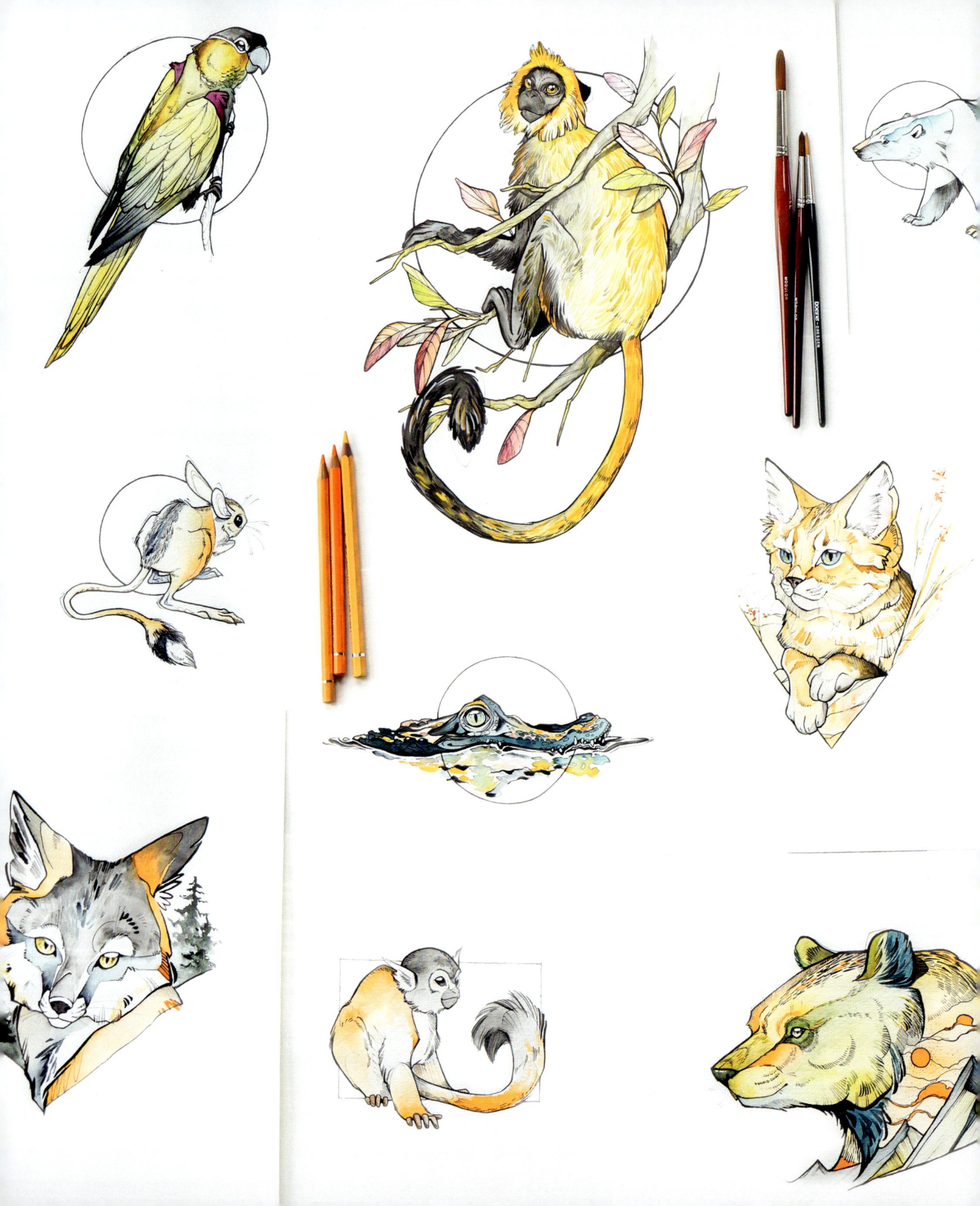

Tiere

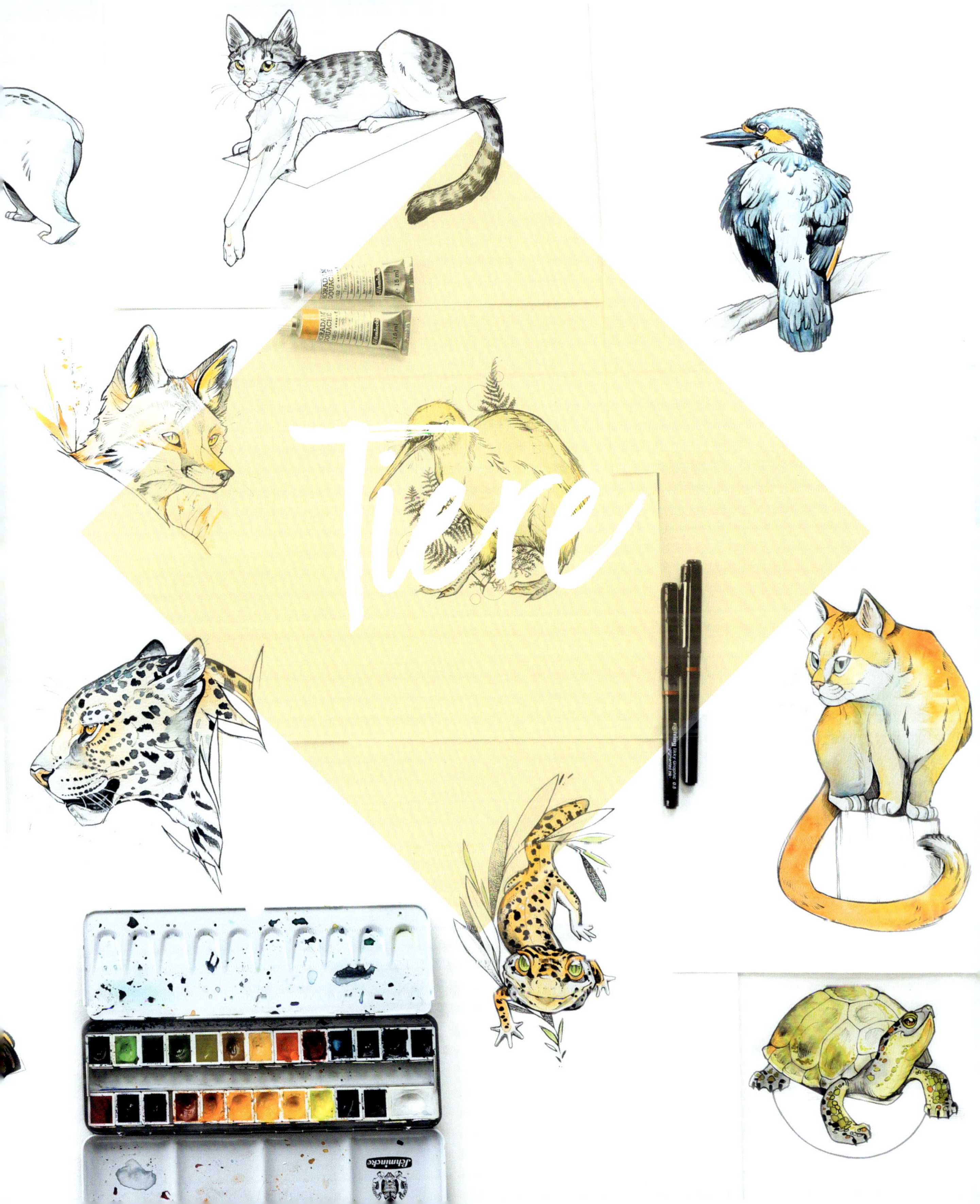

Totenkopfäffchen

Als Anfängermotiv ist das Äffchen gut geeignet, um sich mit dem Fluss der Aquarellfarbe vertraut zu machen und unterschiedliche Mengen Wasser beim Malen zu benutzen.

MATERIAL

Aquarellfarben

» Anthrazit
» Kadmiumgelb dunkel

Sonstiges

» Rundpinsel, Größe 5 und 10
» Fineliner
» Lineal oder Geodreieck

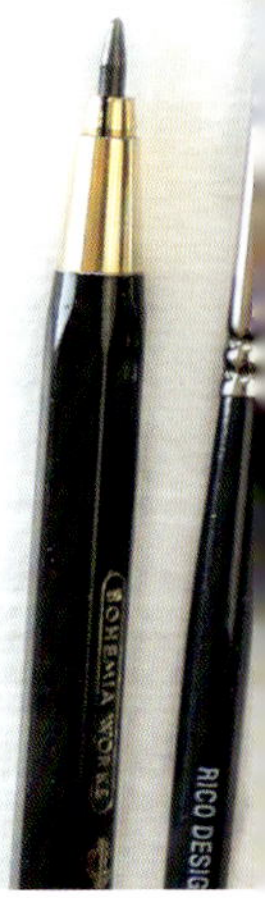

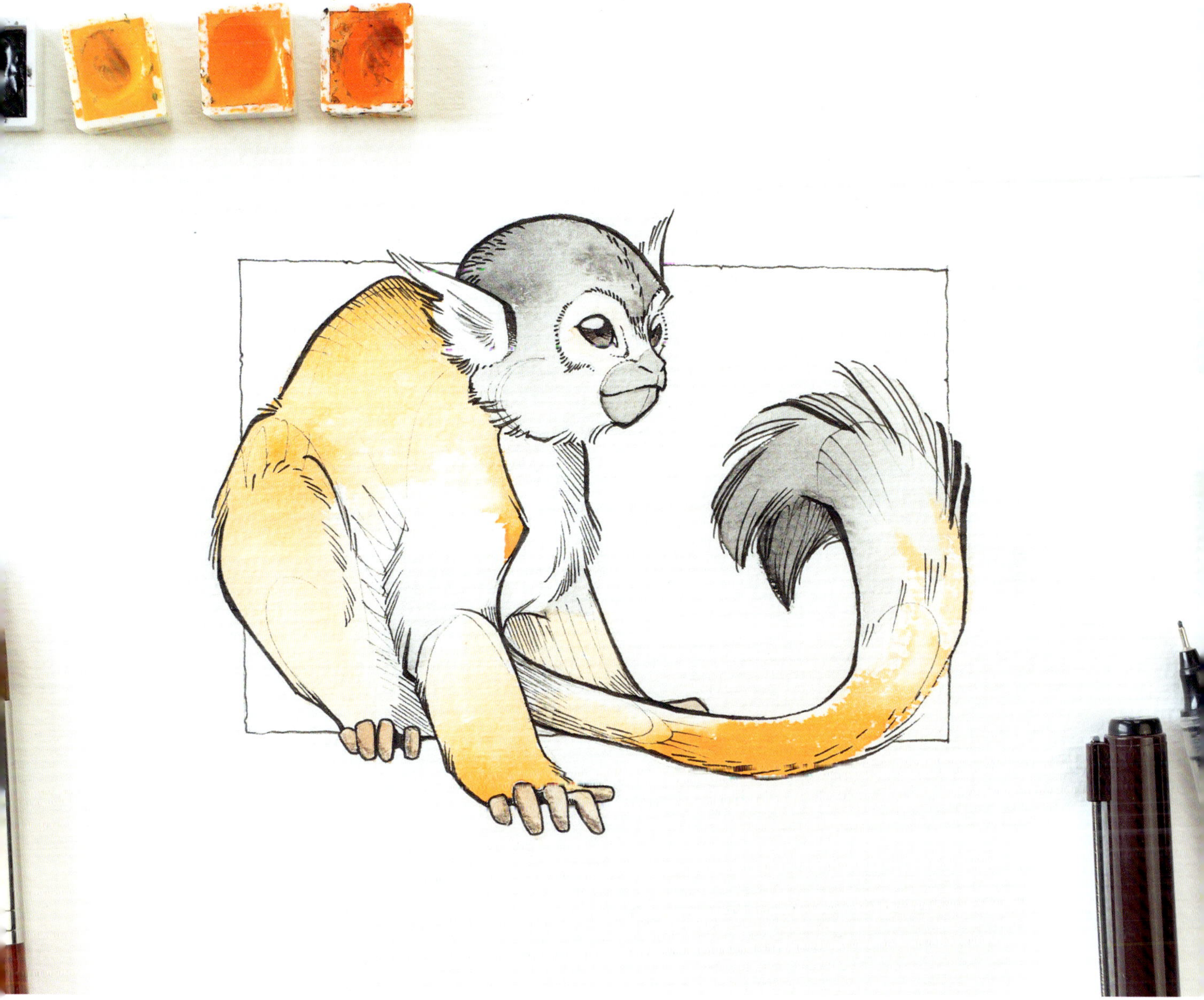

So geht's

1

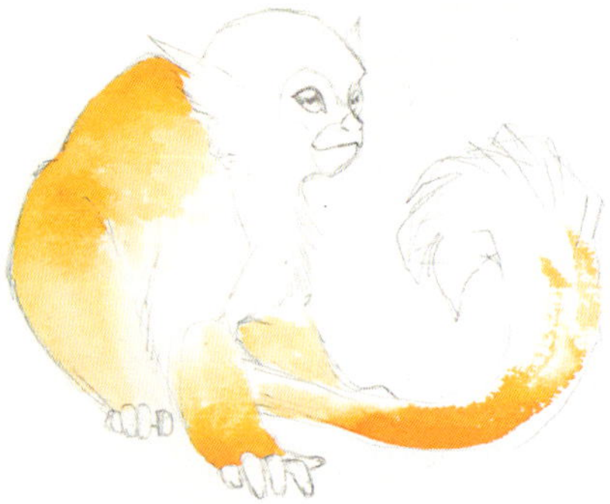

Übertrage das Motiv dünn mit Bleistift auf dein Blatt. Anschließend beginnst du, Gelb aufzutragen. Arbeite an den Kanten dabei mit viel Wasser und ziehe den großen Pinsel gern schnell über die gewünschten Flächen. Zu den trockenen Bereichen entstehen dann strukturierte Ränder, wie z. B. beim Schwanz.

2

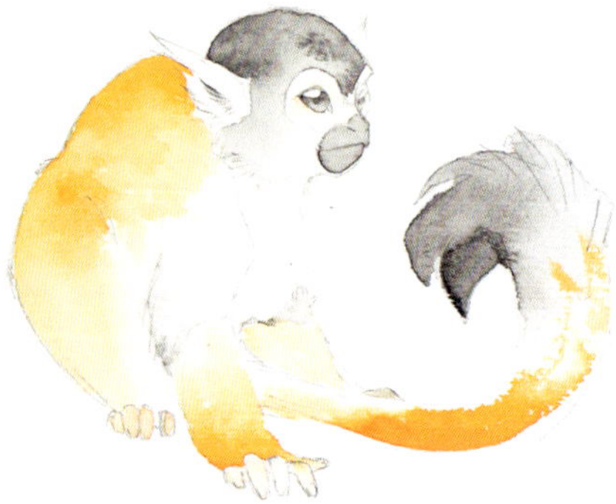

Trage nun das Anthrazit auf. Durch das Verdünnen mit viel Wasser wird es wie Grau aussehen. Akzentuiere den Kopf und die Schwanzspitze. Das Auge kolorierst du mit einer Mischung aus Anthrazit und Orange.

3

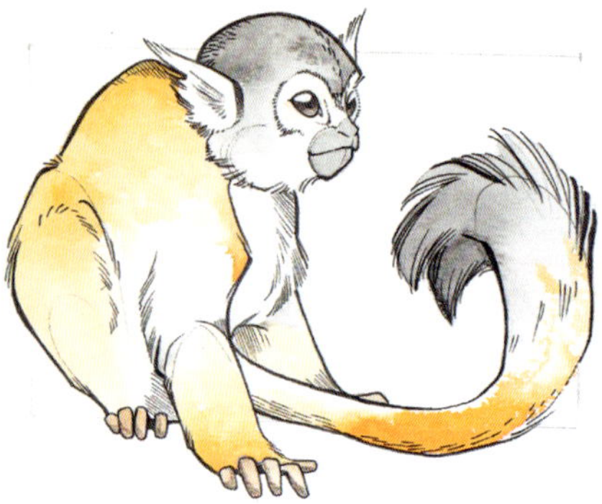

Nachdem die Grundflächen getrocknet sind, kannst du die Konturen nachziehen und durch Schraffuren Bereiche mit Schatten ausarbeiten. Ein paar lose gesetzte Striche bilden das flauschige Fell ab.

4

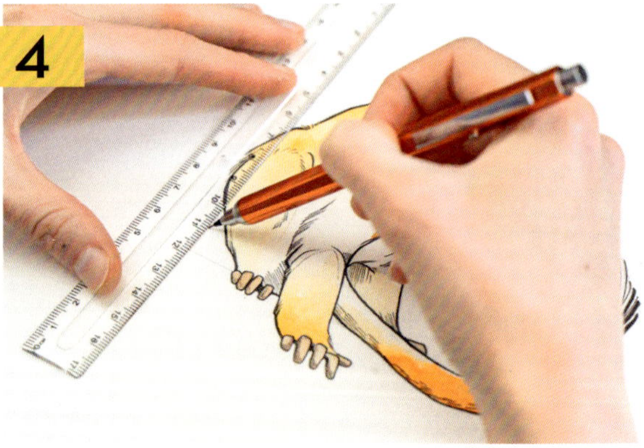

Wenn du möchtest, kannst du dem Äffchenmotiv noch einen grafischen Rahmen geben. Ich habe mich hier für ein Rechteck entschieden. Du kannst aber auch eine andere Form wählen.

Vorlage

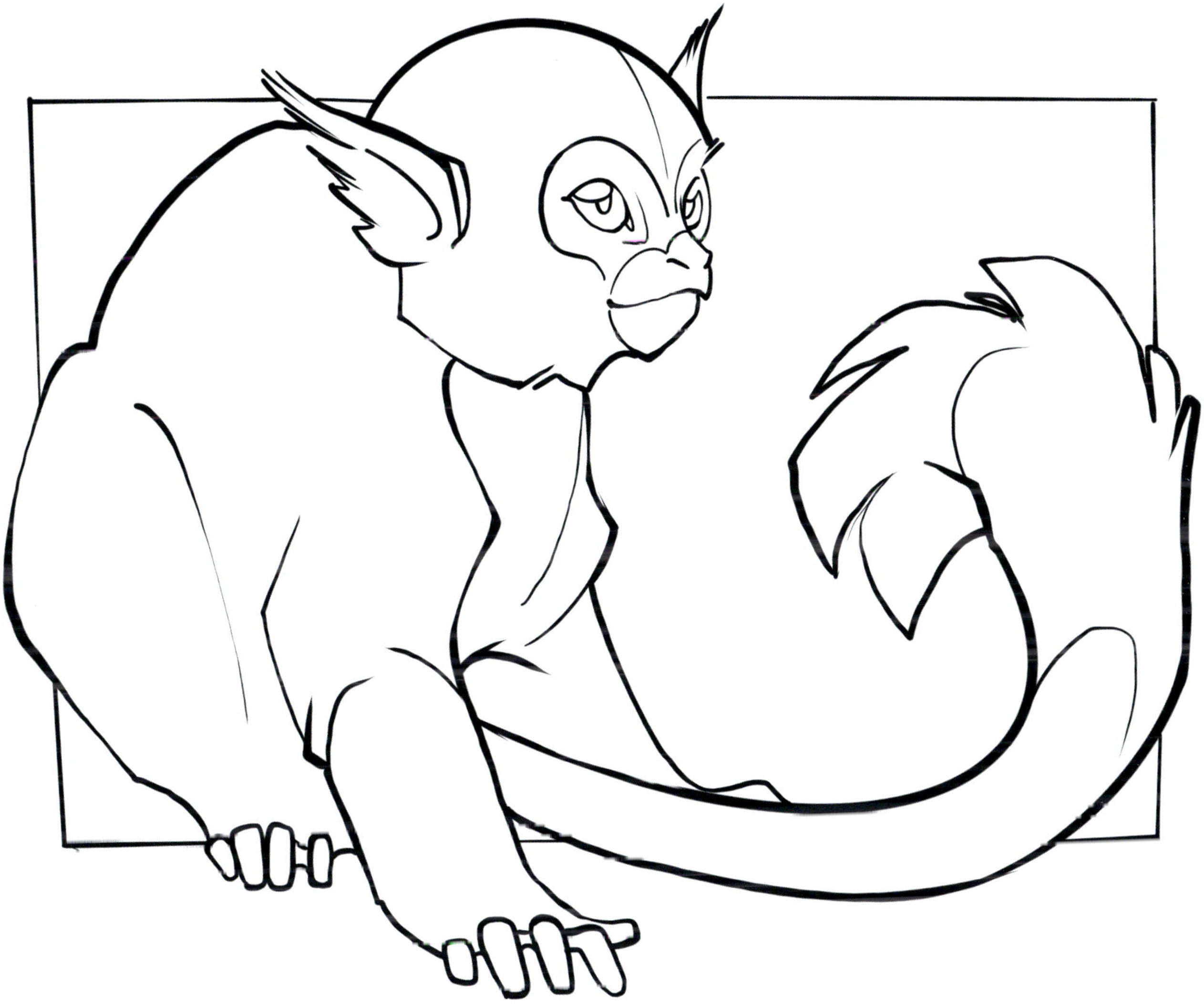

Hauskatze

Katzen sind meine Lieblingstiere, egal ob groß oder klein, Stubentiger oder Raubkatze. Ihre Eleganz und Eigensinnigkeit hat mich stets angezogen. Für dieses Motiv hat ein kleiner Akrobat aus dem Freundeskreis Modell gestanden.

MATERIAL

Aquarellfarben

- Chromgelbton dunkel
- Kadmiumorange hell
- Türkisblau
- Anthrazit

Sonstiges

- Rundpinsel, Größe 5 und 10
- Fineliner

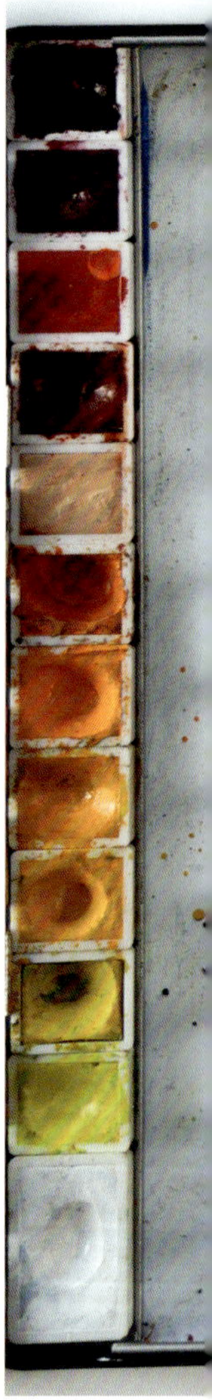

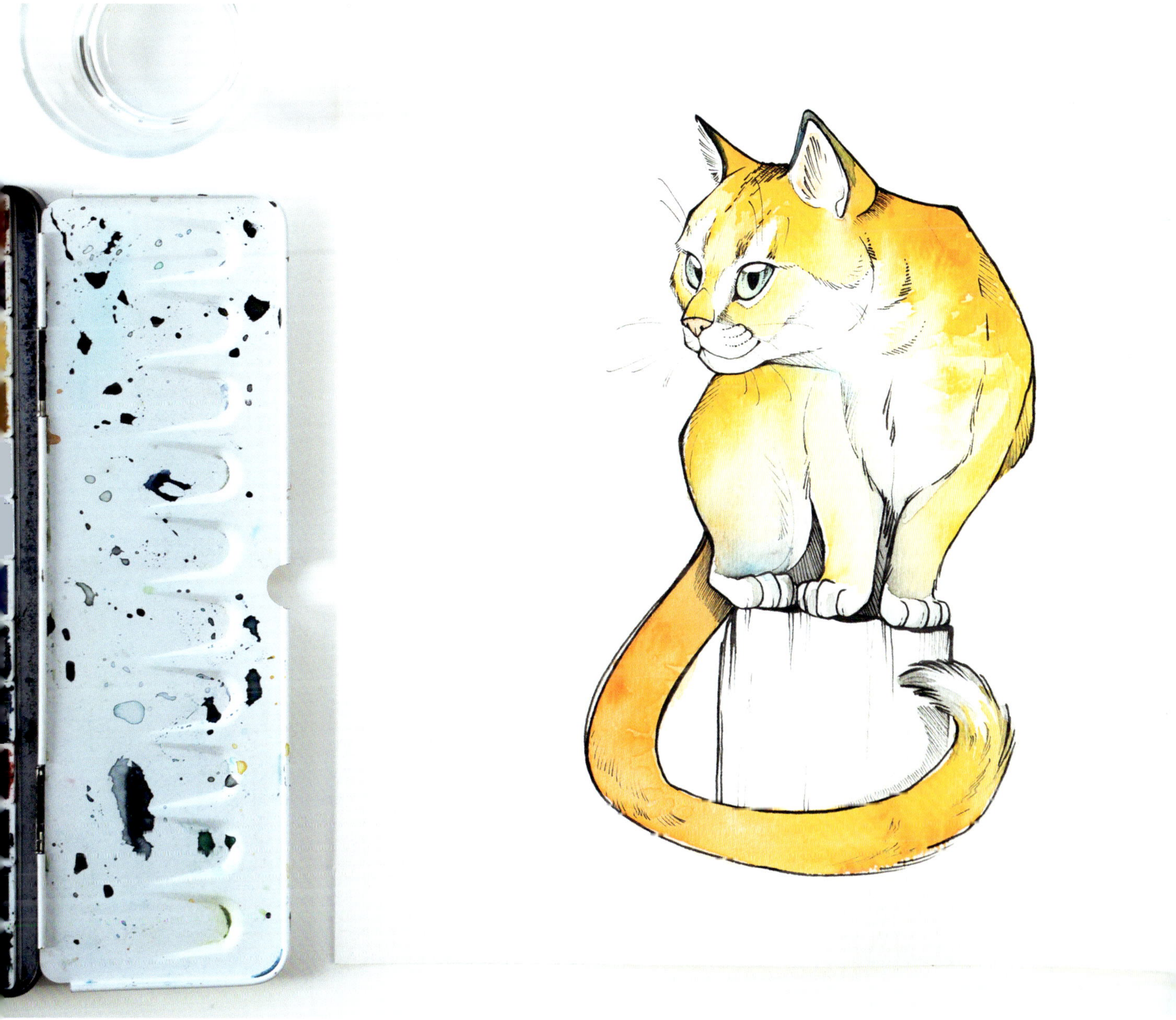

So geht's

1

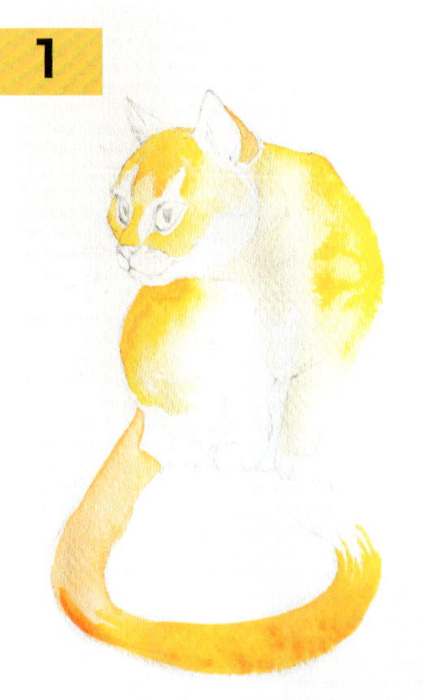

Übertrage die Vorlage dünn mit Bleistift auf dein Papier. Anschließend werden die hellsten Farben aufgetragen. Nutze gern verschiedene Gelb- und Orangetöne. Male dabei nicht alles aus, sondern erzeuge einen Verlauf von dunklen Kanten zu hellen Bereichen. Bestimmte Stellen um die Augen, Schnauze und Pfoten bleiben vorerst weiß.

2

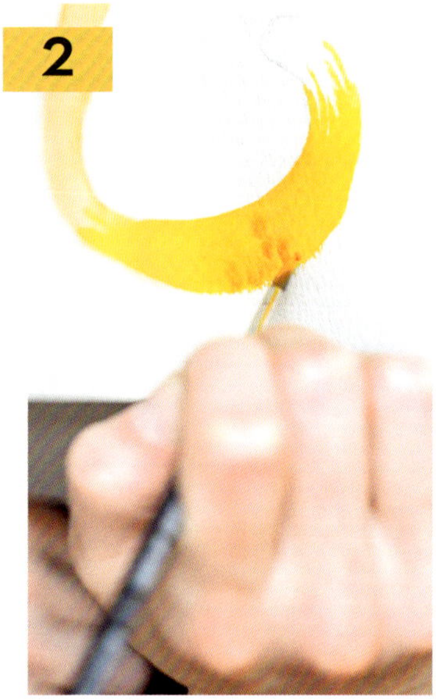

Solange das Papier noch feucht ist, kannst du leichte Tupfen setzen, die die Maserung des Katzenfells nachahmen. Durch das Arbeiten in der Nass-in-Nass-Technik blenden sich die Flecken schön in die Fläche ein.

3

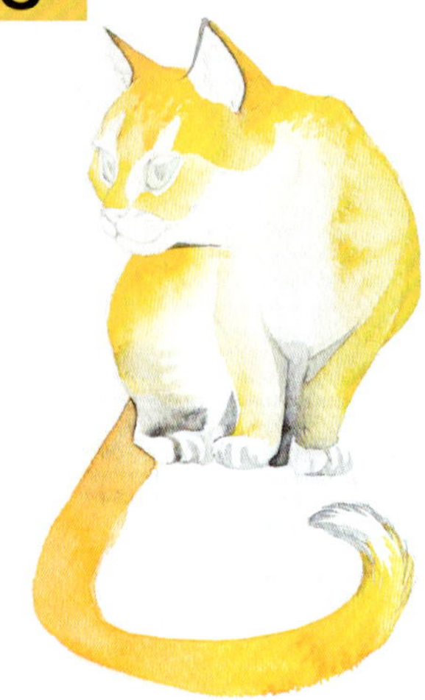

Wenn die Farben getrocknet sind, fülle mit verdünntem Anthrazit die schattigen Flächen, wie z. B. den Bauch. An Ohren und Schwanz kannst du dunkle Akzente setzen, die der Fellzeichnung entsprechen.

4

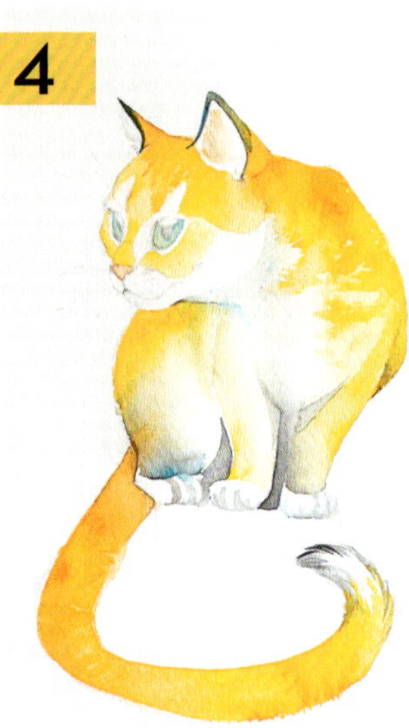

Füge türkisfarbene Akzente in die dunklen Flächen ein, solange die Farbe noch feucht ist. Diese vermischen sich schön auf dem Papier. Als Komplementärfarbe zum Orange und Gelb bringt Türkisblau noch etwas Schwung ins Bild. Auch die Augen der Katze werden so gefärbt.

5

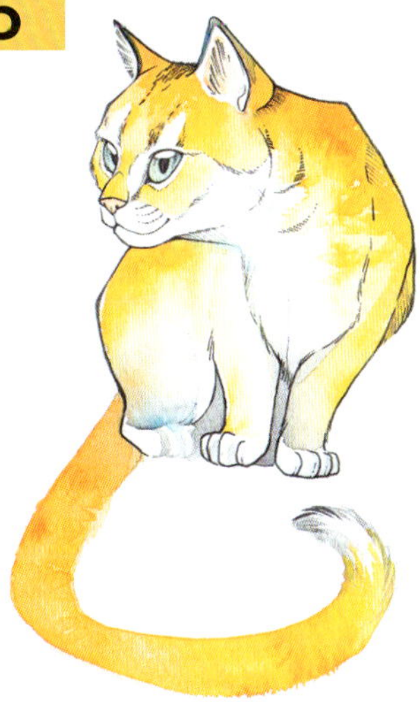

Lass die Farben gut trocknen und zeichne die Konturen nach. Achte auf gelegentliche Unterbrechungen der Konturlinie, um die Fellstruktur zu zeichnen, dies gilt insbesondere an der Schwanzspitze.

Vorlage

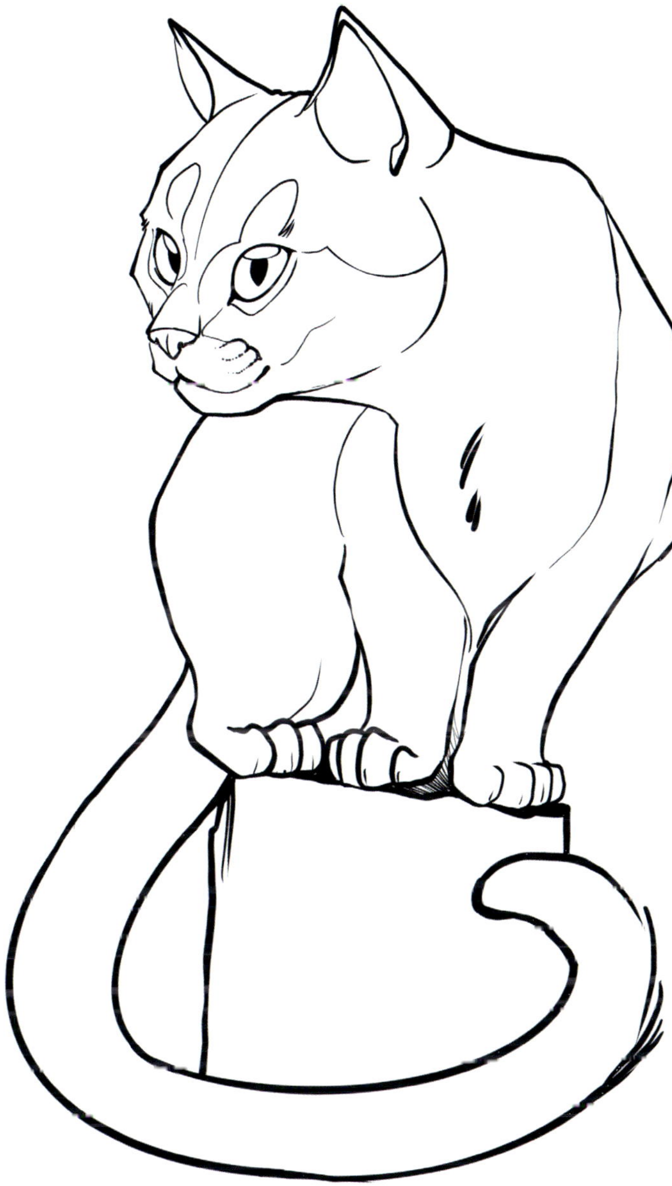

Eisbär

Eisbären gehören für mich zu den majestätischsten Tieren, die es gibt. Sie sind Überlebenskünstler in einer unwirtlichen Umgebung. Diese Bären werden wohl stets zu meinen Favoriten unter den Tiermotiven zählen. Doch wie malt man ein Tier, das eigentlich nur weiß ist, auf weißem Papier? Ich zeig euch, wie's geht!

MATERIAL

Aquarellfarben

- Indigoblau
- Türkisblau
- Anthrazit
- Chromgelbton dunkel

Sonstiges

- Fineliner
- Rundpinsel, Größe 1 und 5
- Zirkel

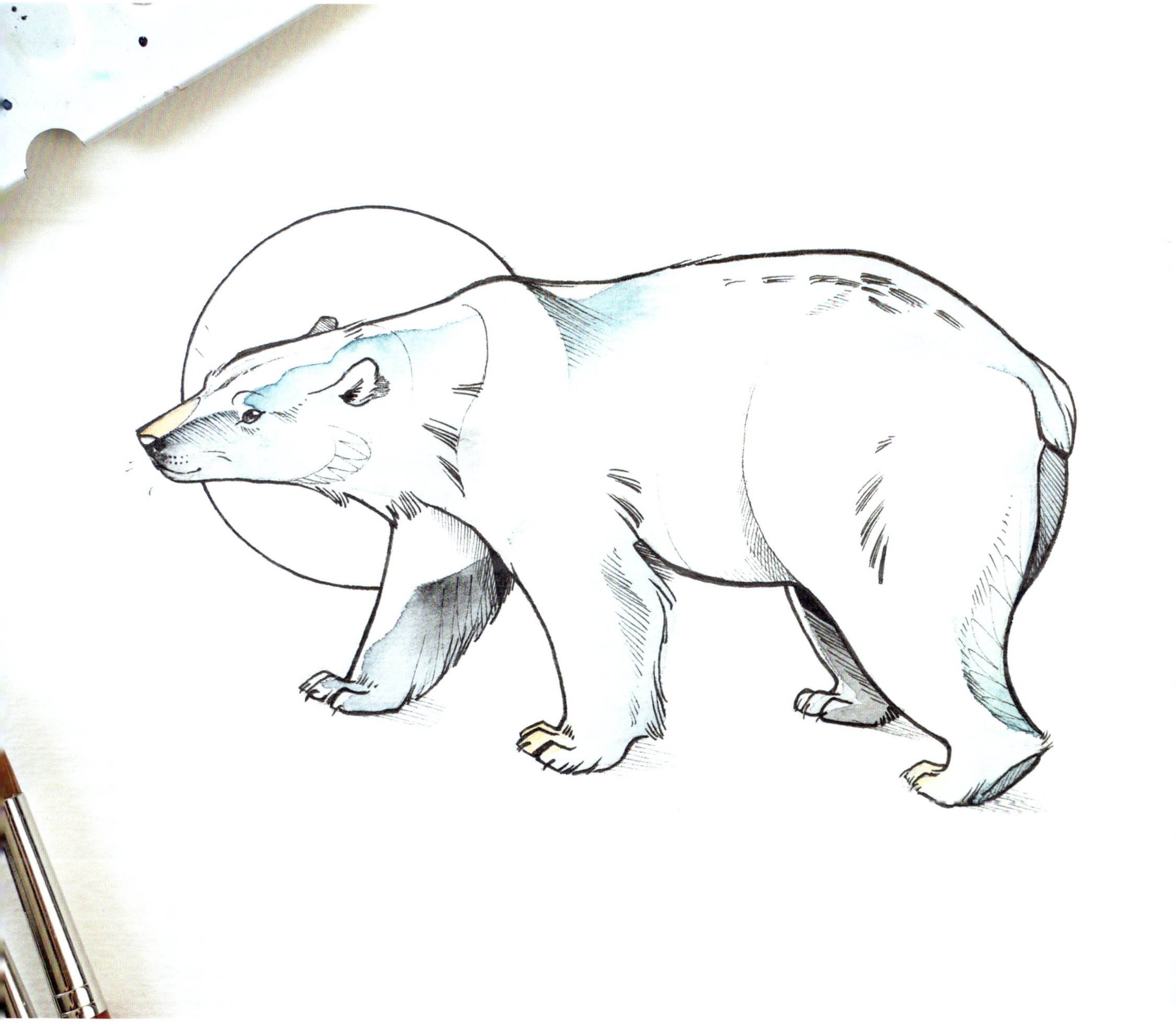

So geht's

1

Übertrage die Vorlage dünn mit Bleistift auf dein Papier. Dann widmest du dich den Blau- bzw. Grautönen. Verteile die Farben entlang der hinteren Außenkanten. Die hinten liegenden Beine erhalten dabei eine dunkelgraue Schattierung. Indem du die Vorderkanten der Beine weiß lässt, erzeugst du ein schönes Spiel von Licht und Schatten. Auch die Kopfmitte des Bären bleibt weiß.

Tipp

Bei dem Motiv ist der im Hintergrund liegende Kreis ein Teil der Farbgebung. Achte darauf, die Kante des Kreises nicht zu übermalen.

Info

Weiße bzw. helle Flächen spiegeln die Farben ihrer Umgebung als farbigen Schatten stärker wider, als es bei dunklen Flächen der Fall ist. Deshalb zeigt sich z. B. das Blau des Himmels in einem bläulichen Schimmer auf dem Fell des Eisbären.

2

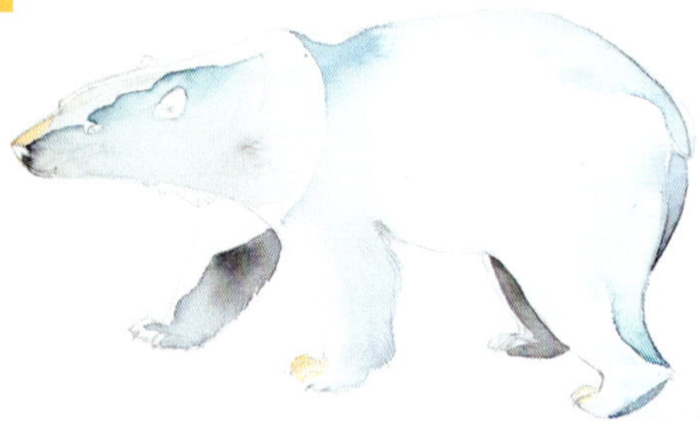

Komplementär zum Blau kommen jetzt kleine gelbe Akzente auf Pfoten und Schnauze dazu, so als würde dem Bären die Sonne auf die Nase scheinen.

3

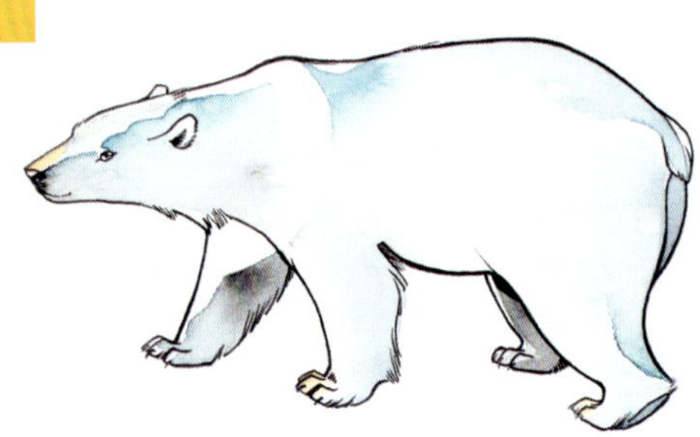

Ziehe die äußeren Konturen mit einem dicken Fineliner nach. An Beinen und Kragen lockern unterbrochene Linien auf und zeigen, wie flauschig der Bär ist.

4

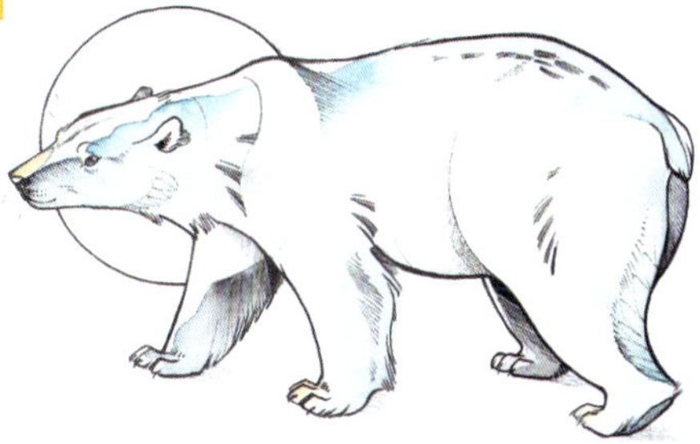

Kleine Fellbüschel auf Rücken und Hinterläufen sowie zusätzliche Linienschraffuren an den Beinen machen dein Bild spannend. Füge noch ein paar dynamische Krakel und den Kreis im Hintergrund hinzu.

Vorlage

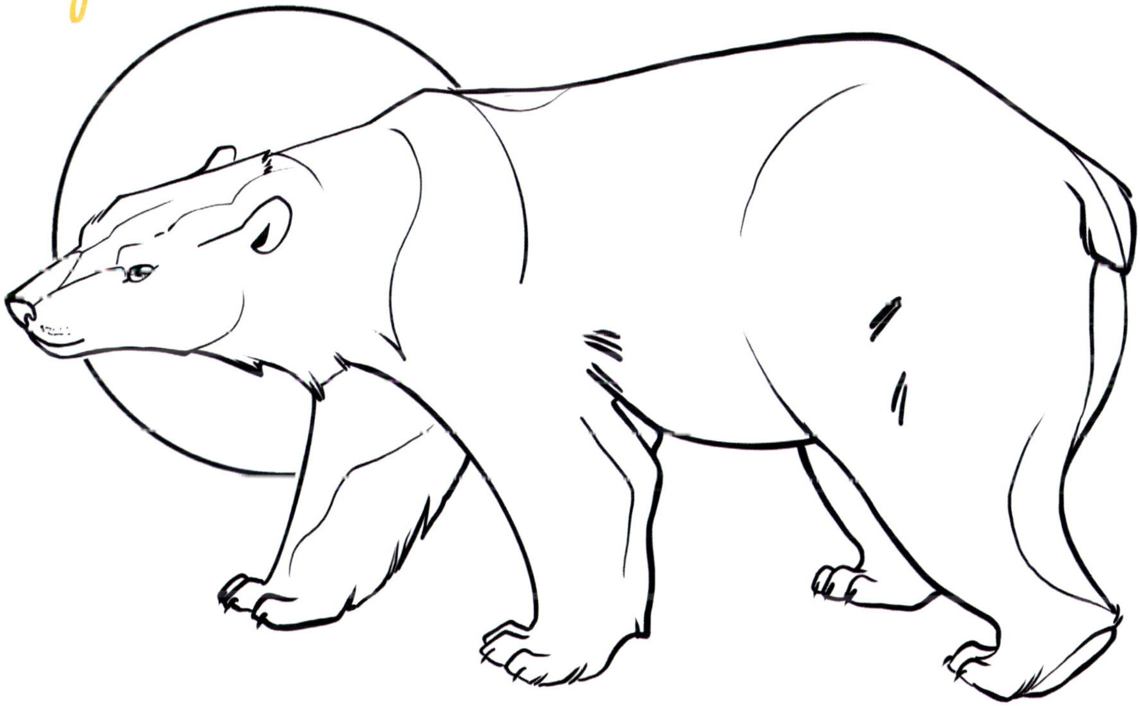

Frosch

Dieser kleine Hüpfer ist perfekt geeignet, um sich mit Aquarellfarbe anzufreunden und ein bisschen zu experimentieren. Viel Spaß!

MATERIAL

Aquarellfarben

- Türkisblau oder Preußischgrün
- Chromgelbton dunkel

Du kannst aber auch Farben wählen, auf die du gerade Lust hast. Am besten eignen sich Komplementärfarben, z. B. Chinacridon Violett und Lasurgoldgrün oder Krapplack Rosa und Olivgrün gelblich.

Sonstiges

- Rundpinsel, Größe 1 und 10
- Fineliner
- weißer Lackstift

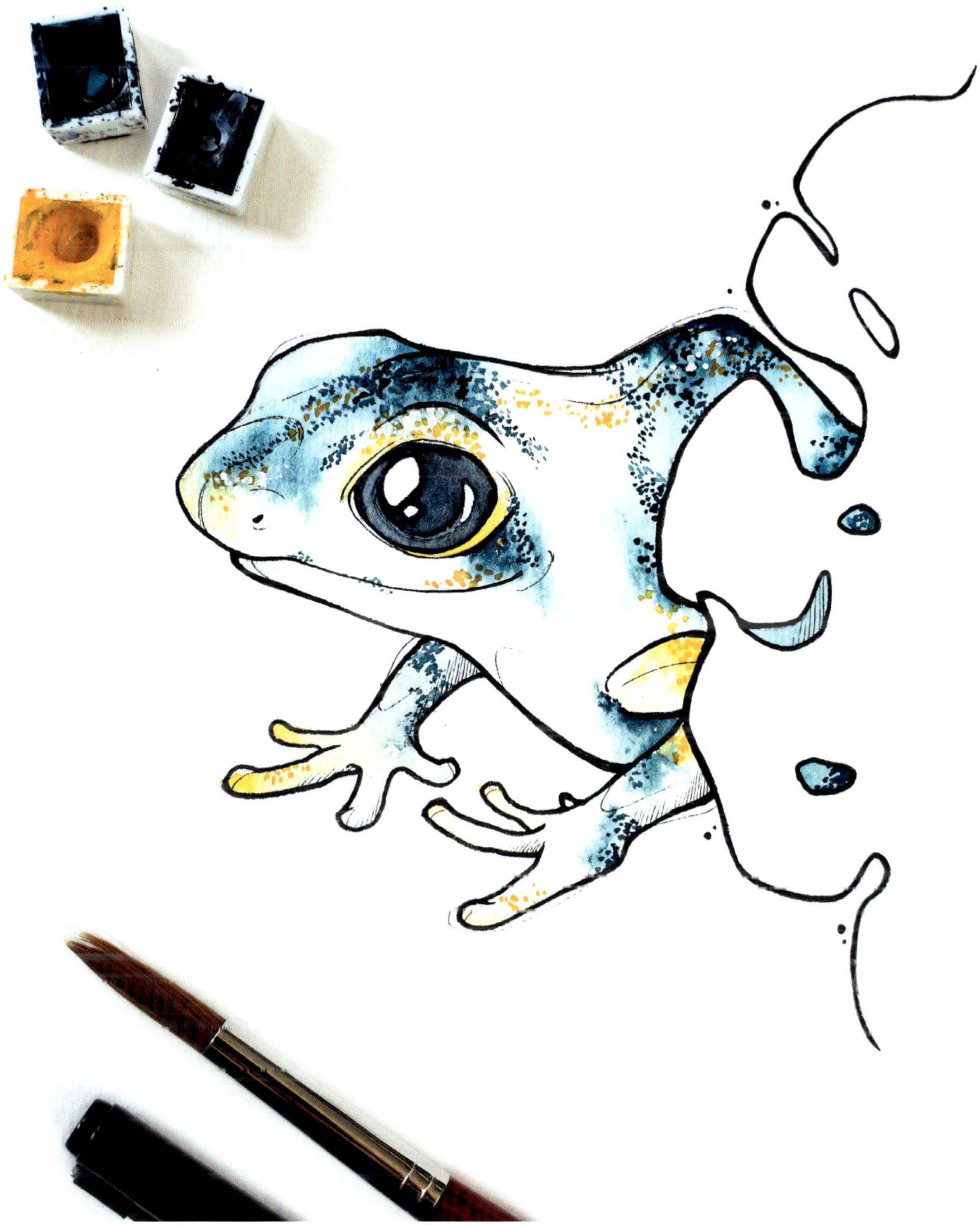

So geht's

1

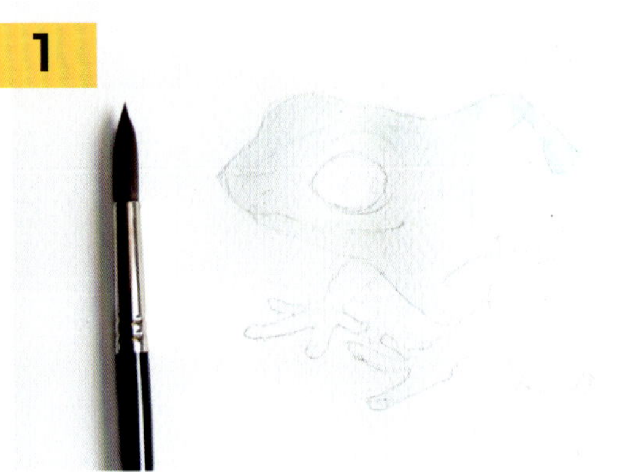

Zeichne die Umrisse leicht mit Bleistift vor. Male dann die gesamte Fläche des Frosches mit sauberem Wasser nach. Wie du siehst, war mein Pinsel nicht ganz sauber, deshalb schimmert es ein wenig blau.

2

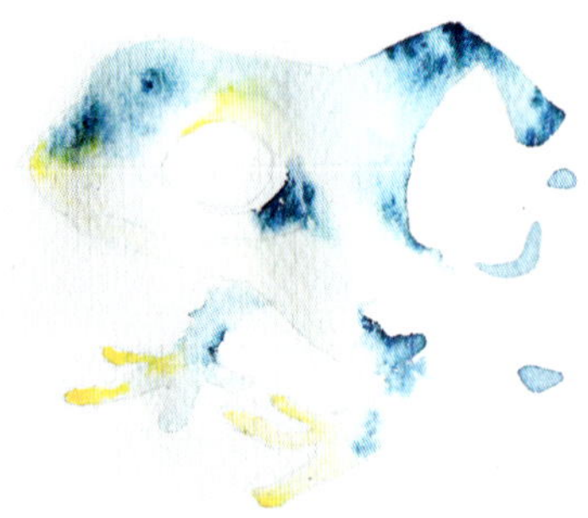

Tupfe nun in einem leuchtenden Blau einige Flecken in die wässrige Fläche. Du kannst gut beobachten, wie die Pigmente über das Wasser in verschiedene Richtungen getragen werden. Überlass das ruhig dem Zufall. Setze einige Tupfen in Gelb an die Nase, über den Augen und den Fingern. Sollte dein Papier bereits trocken sein, befeuchte es einfach noch einmal.

3

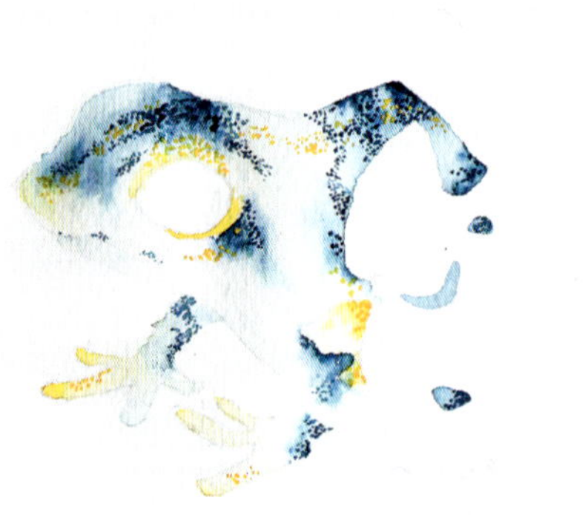

Nachdem deine Grundfläche gut getrocknet ist, setze viele kleine Punkte mit einem schmalen Pinsel. Verwende dabei wenig Wasser, damit die Farben schön satt aussehen.

4

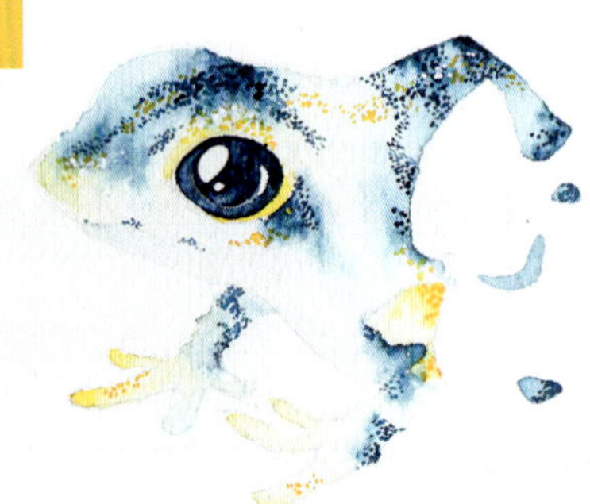

Fülle das Auge in einem dunklen satten Blau aus. Achte darauf, die Lichtpunkte frei zu lassen, und deute in der Mitte die Pupille an.

5

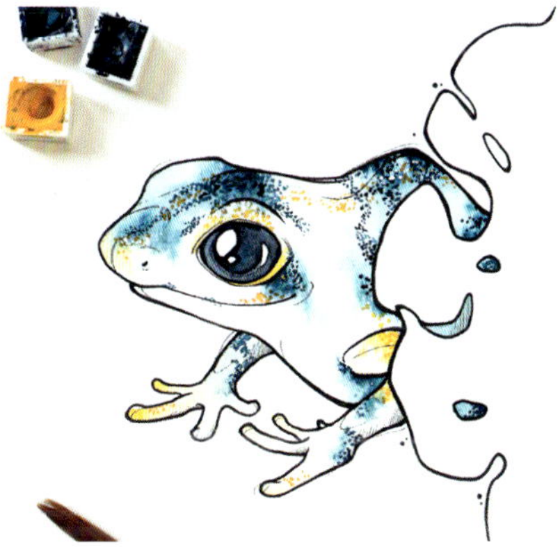

Ziehe die Konturen mit einem breiten Stift nach und ergänze hier und da ein paar Pünktchen oder zarte Linien. Und fertig!

Vorlage

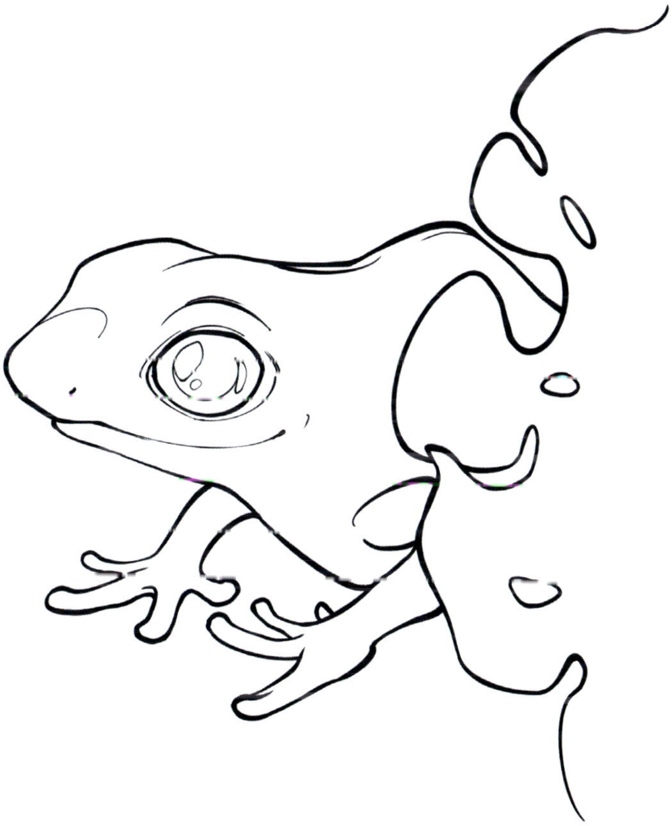

Eichhörnchen

So ein Eichhörnchen scheint niemals stillzuhalten. Den quirligen Charakter versuche ich in diesem zugegeben etwas wildem Motiv einzufangen. Lockere schon mal die Hände und bereite dich auf ein paar wilde Linien vor.

MATERIAL

Aquarellfarben

» Chromgelbton dunkel
» Chromorangeton
» Orange
» Indigoblau

Sonstiges

» Fineliner
» Rundpinsel, Größe 1 und 10

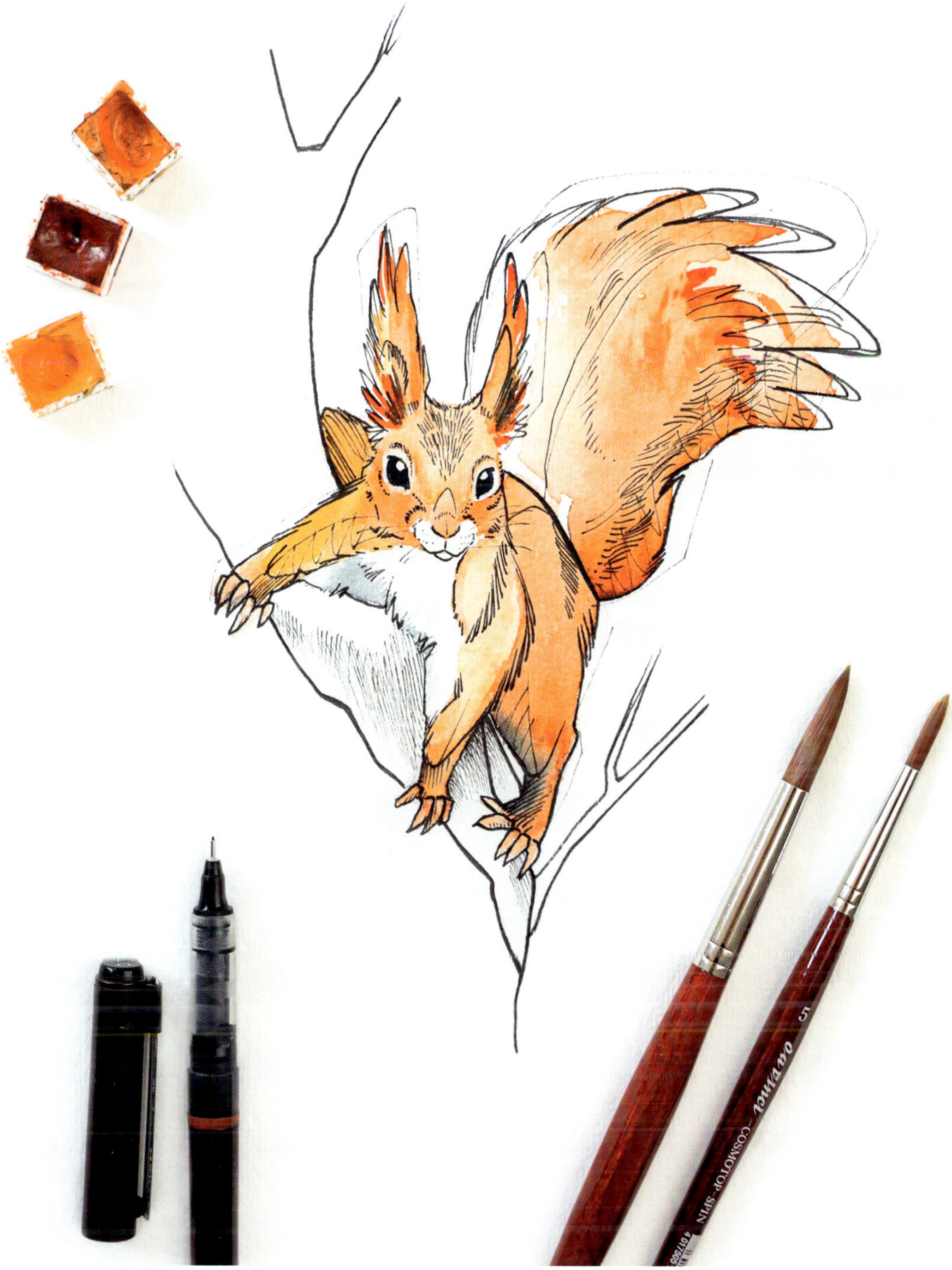

So geht's

1

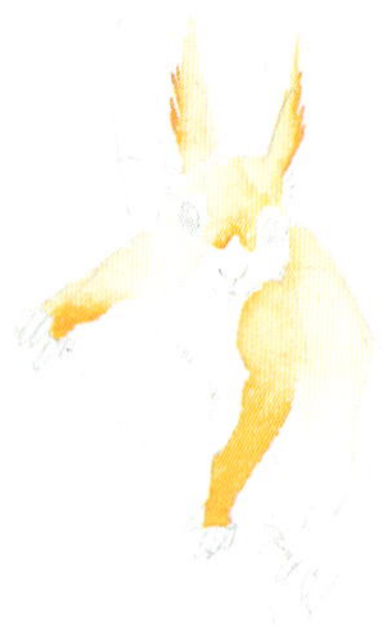

Übertrage die Vorlage leicht mit Bleistift auf dein Papier. Beginne für die erste Farbebene mit dem hellsten Ton der Palette und koloriere den Körper und Kopf mit dieser Farbe. Spare den Schwanz aus.

2

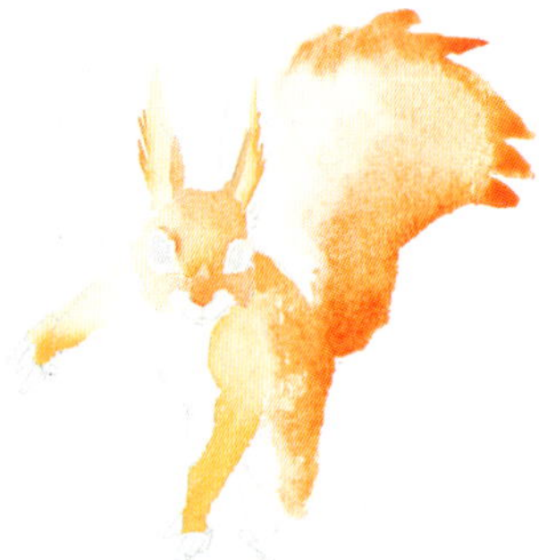

Trage die zweite Farbschicht in einem dunklen Orange auf. Feuchte dafür die Fläche des Schwanzes zuvor an und beginne dann mit dem Farbauftrag an der Außenseite. Lass die Farbe einfach fließen, sie verteilt sich fast wie von selbst. Ergänze eine dunklere Schicht im Gesicht.

3

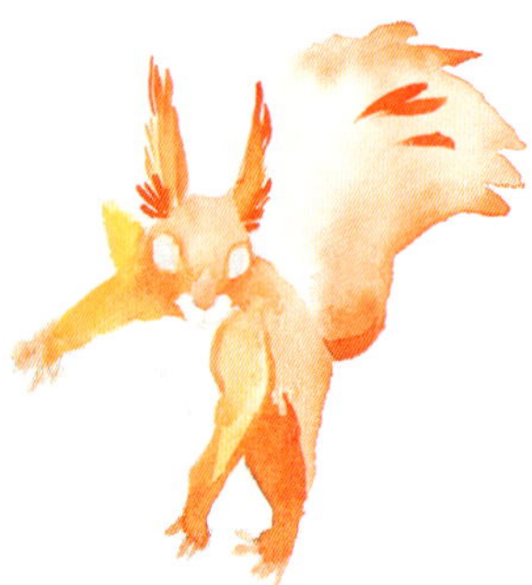

Nachdem die Farbe getrocknet ist, trage mit nahezu trockenem Pinsel farbintensive Akzente an Schwanz, Beinen und Ohren auf.

4

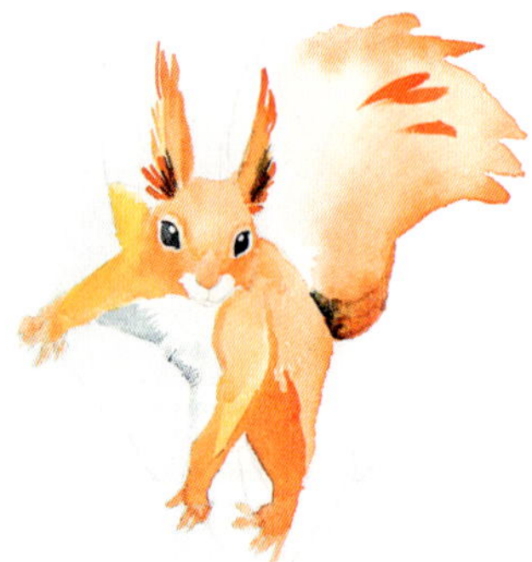

Für die Schatten verwende ich ein dunkles Blau, das in den Ohren und beim Schwanz verwendet wird. Der weiße Latz des Eichhörnchens bekommt ebenfalls einen kleinen Schatten mit stark verdünntem Blau. Deute dabei die Fellstruktur an.

5

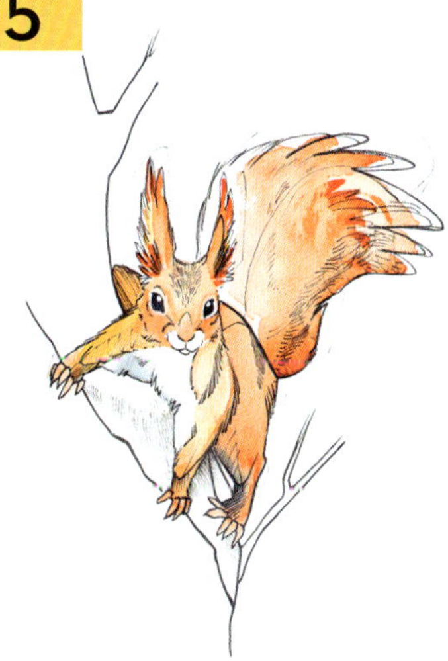

Zeichne nun die Kontur nach. Diese muss keine durchgängige Linie sein, sondern kann durch viele kleine Striche gesetzt werden. Den Schwanz und die Ohren lasse ich in einer groben Krakellinie enden. Übe davor eventuell auf einem Schmierpapier, um deine Hand zu lockern und die Linien schnell zu ziehen. Ergänze viele kleine Striche für die Fellstruktur. Um dem Bild einen dynamischen Touch zu geben, ziehe weitere Krakellinien oder wilde Bewegungslinien um das Eichhörnchen.

Vorlage

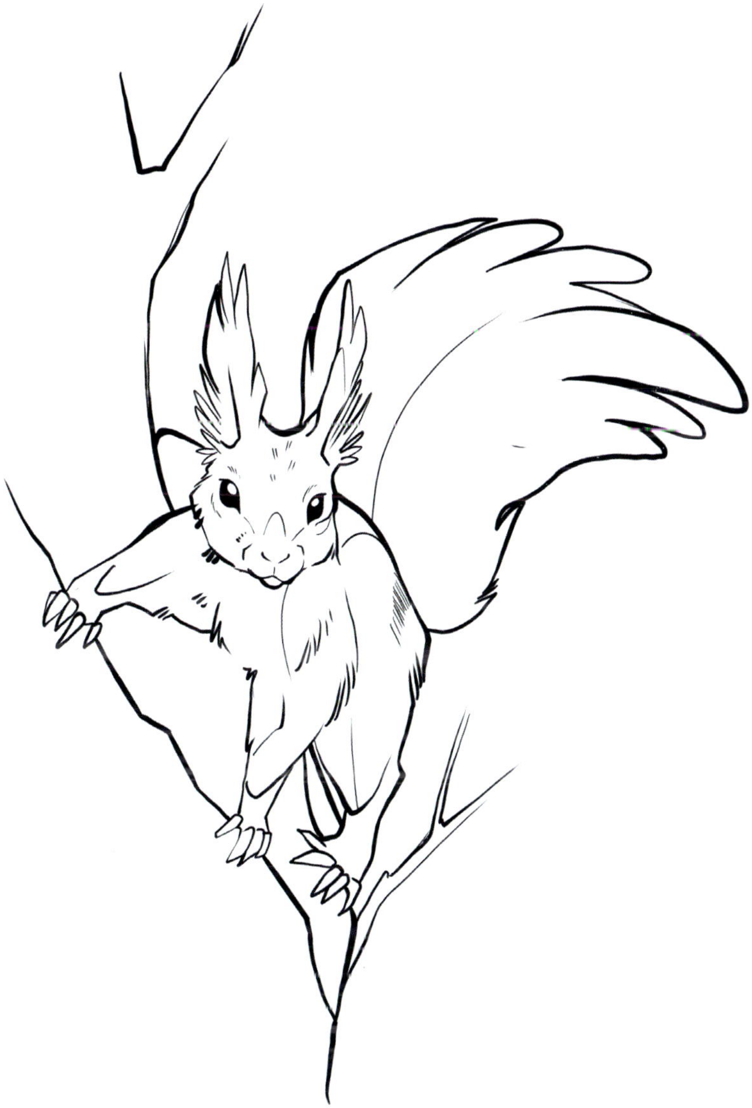

Kiwi

Der Kiwi ist ein flugunfähiger, scheuer Vogel, der in Neuseeland zu Hause ist. Er sieht aus wie eine kleine flauschige Murmel mit Kopf und zu groß geratenen Füßen. Einfach bezaubernd und definitiv eine Zeichnung wert.

MATERIAL

Aquarellfarben

» Lasurgoldgrün
» Anthrazit oder Elfenbeinschwarz
» Kadmiumgelb dunkel

Sonstiges

» Fineliner
» Rundpinsel, Größe 1, 5 und 10
» Zirkel
» Buntstift Orange

Verzierung

Im Nachhinein habe ich das Motiv noch mit Farn und einigen Kreisen ausgeschmückt. Du kannst gern auch eine andere Pflanze oder Blüte dazu zeichnen. Am besten passen meiner Meinung nach Pflanzen, die einen Bezug zum Lebensraum des Tieres haben.

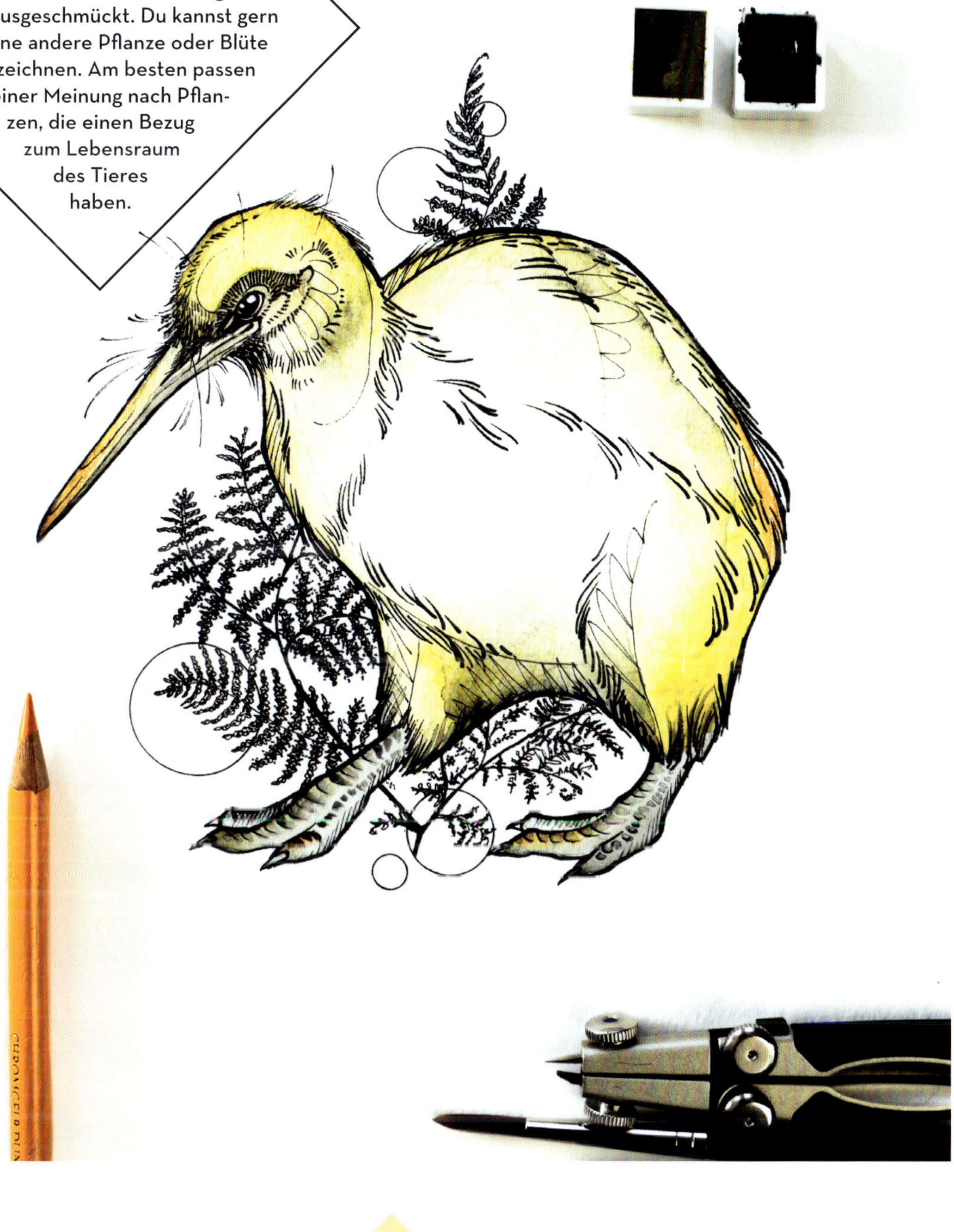

So geht's

1

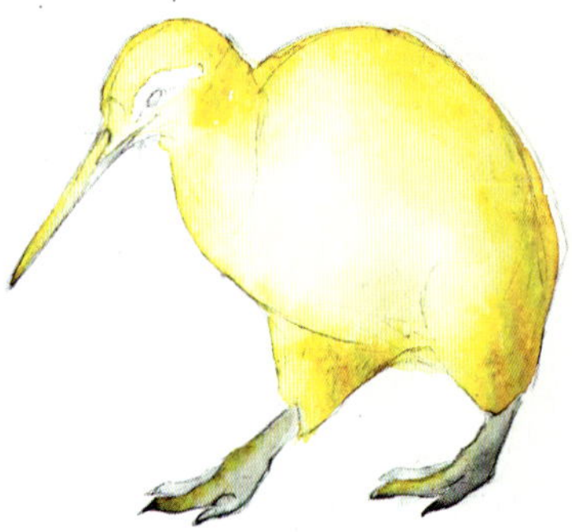

Übertrage die Vorlage dünn mit Bleistift auf dein Papier. Färbe den Körper des Kiwis in einem hellen Gelbgrünton. Starte beim Rücken, den Beinen und dem Kopf und lass die Farbe zum Bauch hin sanft auslaufen.

2

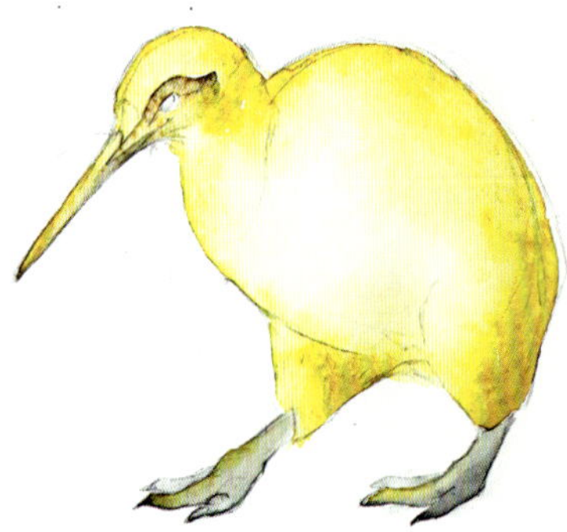

Nutze nun eine Mischung aus Schwarz und Grün für die Füße und den Bereich um die Augen. Ein leichter Verlauf schafft Schatten an den Fußsohlen. Das Ganze nun gut trocknen lassen.

3

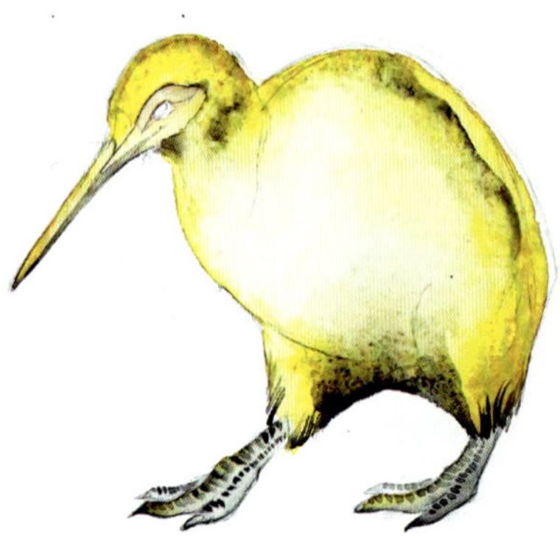

Es folgen kleine Details wie die schuppige Haut der Kiwifüße. Trage die Farbe dafür mit weniger Wasser und einem kleinen Pinsel auf. Die Schuppen sehen aus wie längliche Punkte, die einer gedachten Linie folgen. Setze im Gefieder am Bauch, Rücken und Kopf noch ein paar Schatten.

4

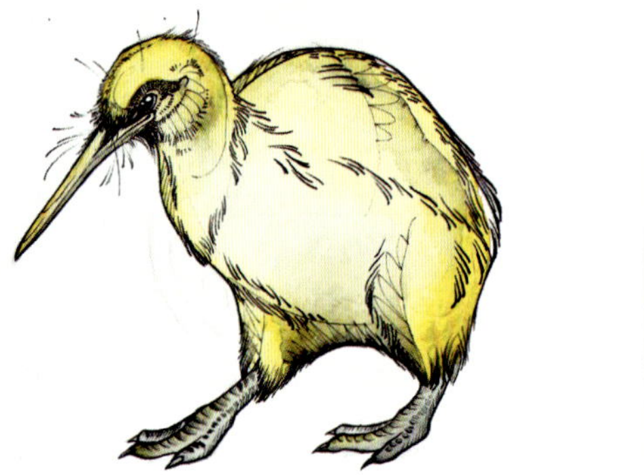

Zeichne die Konturen mit Fineliner nach. Der Kiwi hat sehr feine Federn an Schnabel und Kopf, die ihm wie Schnurrhaare beim Ertasten seiner Umgebung helfen. Einige lose Federn an den Beinen oder dem Kragen lockern die harte Kontur auf. Zeichne sie und weitere kleine Federdetails mit einem dünneren Fineliner ein.

5

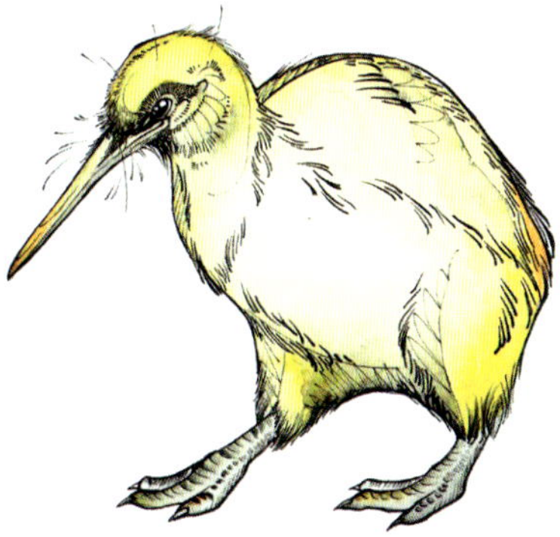

Mit einem Buntstift habe ich nachträglich noch orangefarbene Akzente gesetzt. Gehe mit diesen sparsam um, damit sie zur Geltung kommen.

Vorlage

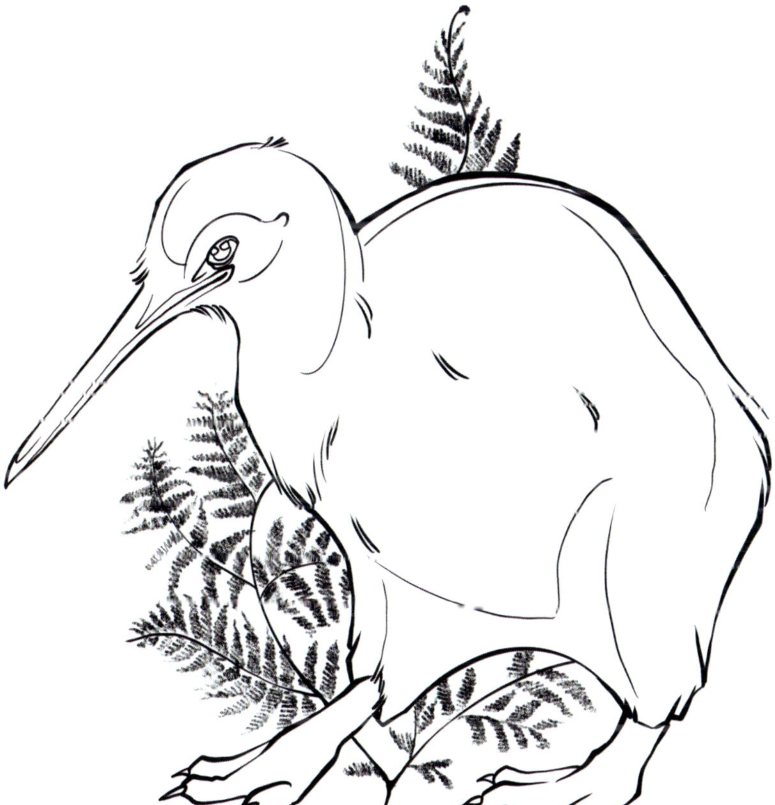

Springmaus

Die kleine Springmaus eignet sich gut als Anfängermotiv, da hier nur zwei Farben zum Einsatz kommen und du verschiedene Schraffuren ausprobieren kannst.

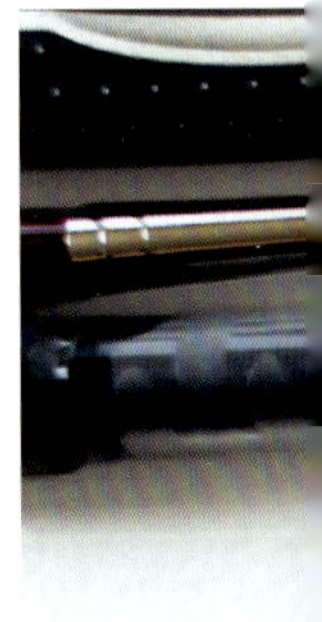

MATERIAL

Aquarellfarben

» Lichter Ocker natur
» Indigoblau

Sonstiges

» Rundpinsel, Größe 1 und 5
» Fineliner
» Zirkel

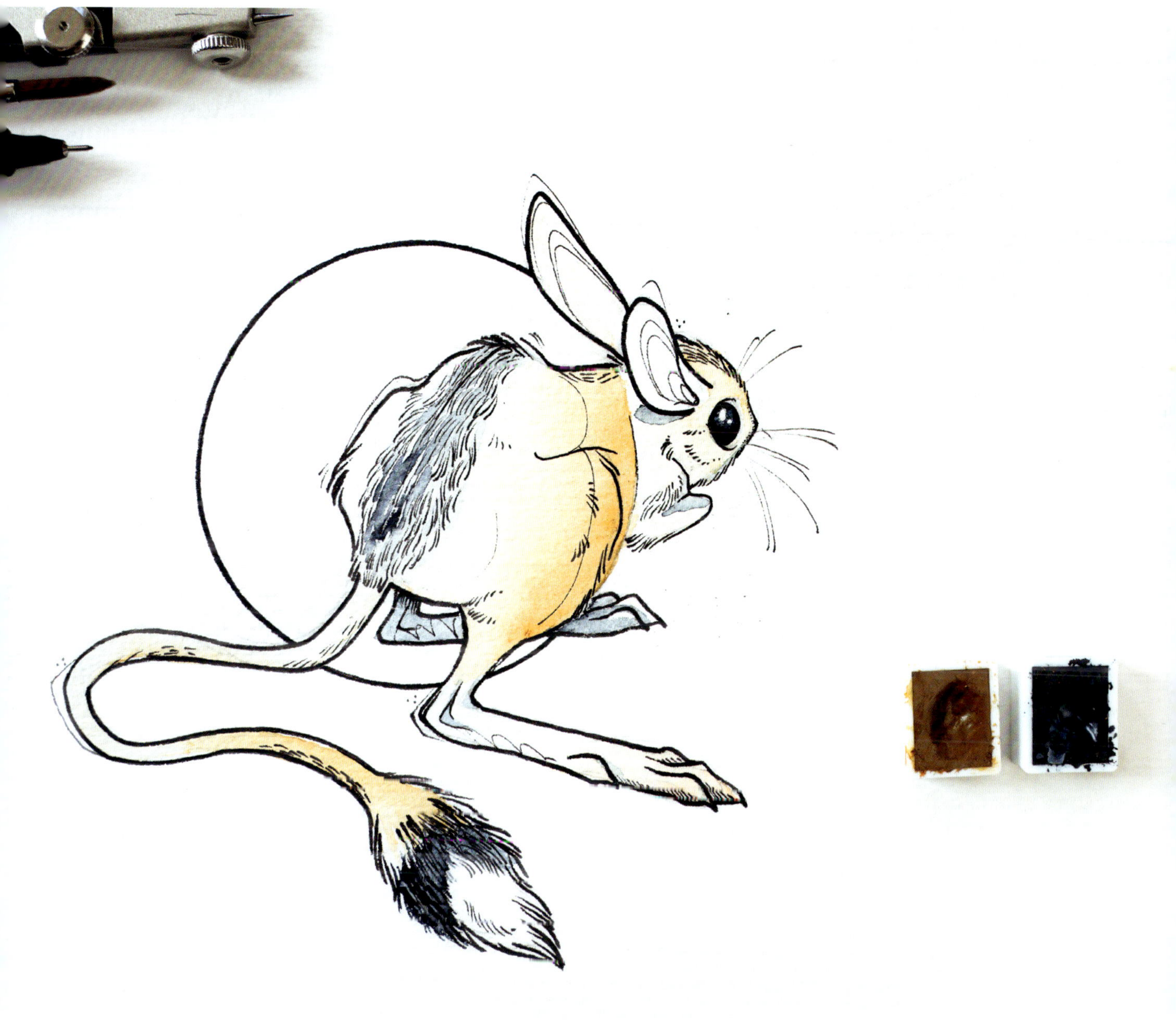

So geht's

1

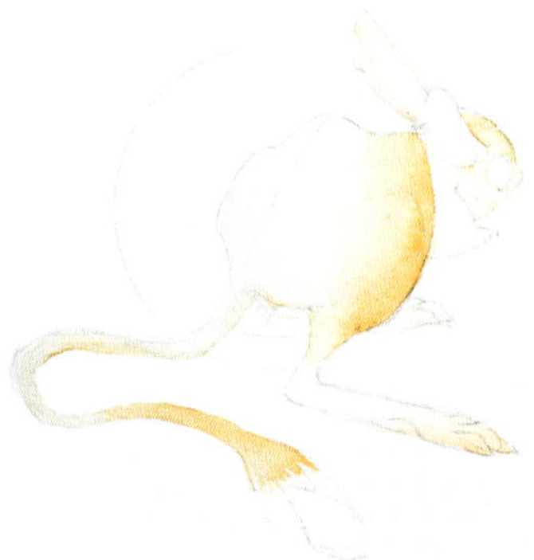

Übertrage die Vorlage dünn mit Bleistift auf dein Papier. Dann malst du den Kreis nach, der sich sowohl im Hintergrund als auch im Körper der Maus wiederfindet. Trage für den Mauskörper sauberes Wasser auf und lass die Farbe zunächst vom äußeren Rand zur Mitte laufen. Kopf, Pfötchen und Schwanz nur leicht gelb färben. Lass die Farbschicht trocknen.

2

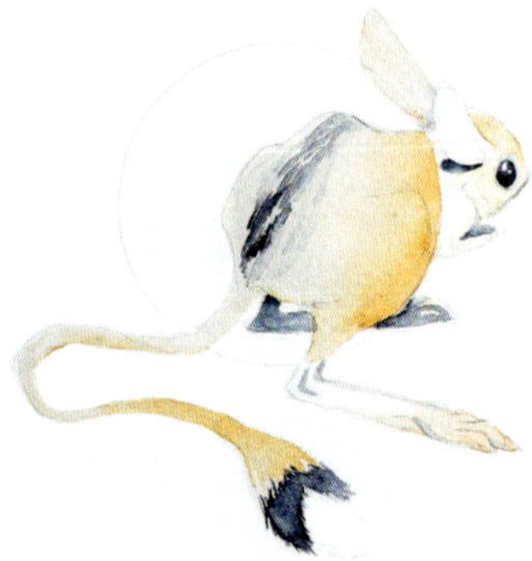

Trage ein dunkles Blau für die dunkle Färbung am Schwanz und den Streifen am Rücken auf. Einzelne Farbstriche deuten das Fell an. Der verdeckt liegende Fuß bekommt einen harten Schatten, ebenso der Bereich unter dem Ohr.

3

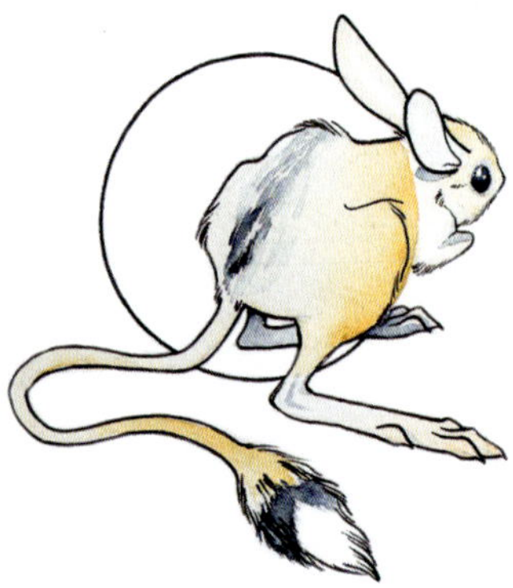

Zeichne die Konturen der Maus und den Kreis im Hintergrund nach. Spare die Kreiskontur innerhalb der Maus aus.

4

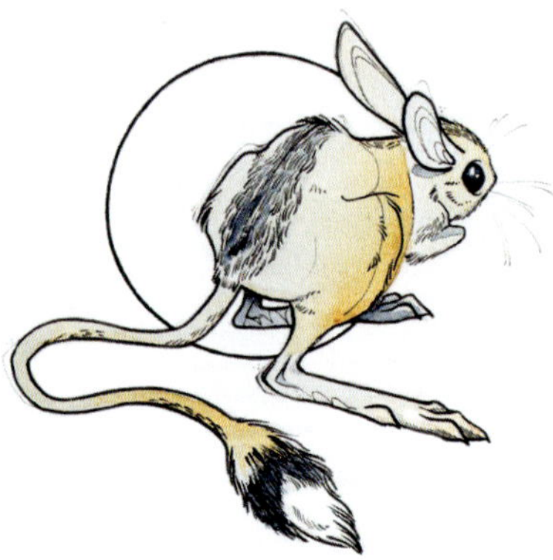

Gib dem Motiv Leben, indem du mit vielen kleinen Strichen das Fell andeutest. Diese können in verschiedene Richtungen zeigen, sollten aber grob gemäß dem Fellwuchs verlaufen. Ein paar Bewegungslinien außerhalb der Kontur vermitteln den flinken Charakter der Springmaus.

Vorlage

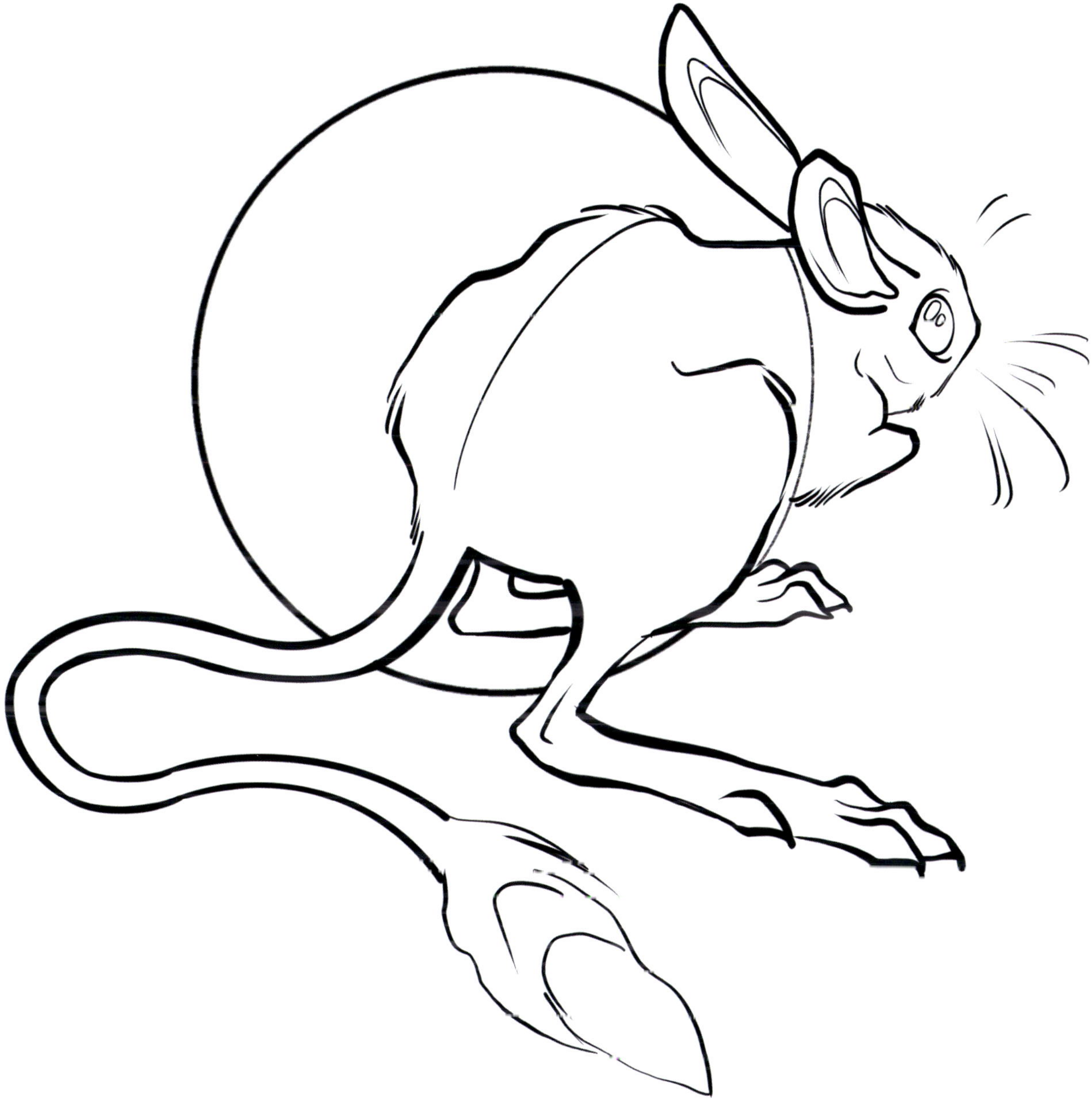

Krokodil

Ich habe großen Respekt vor Krokodilen. Sie sind lebendige Dinosaurier, unglaublich intelligent und sozial, aber auch angsteinflößend. Und trotzdem haben sie irgendwie immer ein Grinsen auf den Lippen, findest du nicht auch?

MATERIAL

Aquarellfarben

» Indigoblau
» Anthrazit
» Preußischgrün
» Türkisblau
» Chromgelbton dunkel
» Krapplack Rosa

Sonstiges

» Fineliner
» Rundpinsel, Größe 1 und 5
» Zirkel

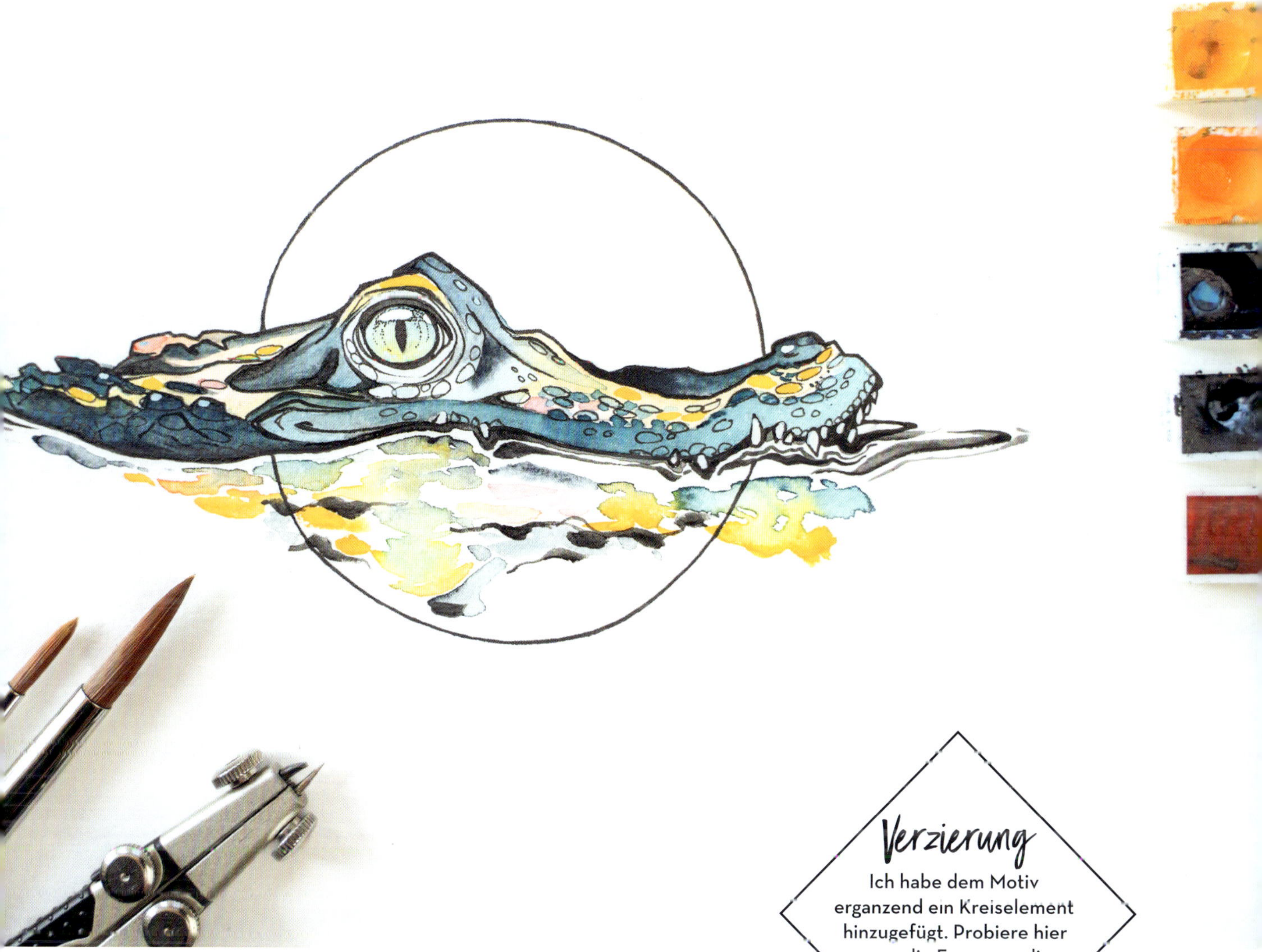

Verzierung

Ich habe dem Motiv erganzend ein Kreiselement hinzugefügt. Probiere hier gern die Form aus, die dir am besten gefällt.

So geht's

1

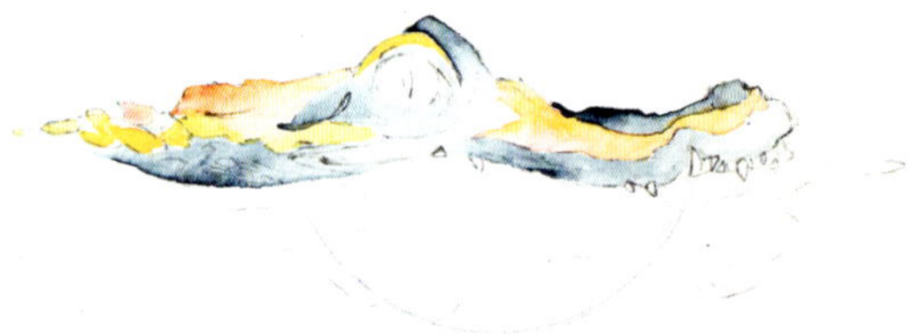

Übertrage die Vorlage dünn mit Bleistift auf dein Papier. Male anschließend die hellen Farben, die Lichtreflexe, eine Mischung aus Rosa und Gelb, auf die oberen Bereiche des Krokodilkopfes. Lass die Farbe gut trocknen. Auf die darunterliegenden Bereiche kommt ein dunkles Blau, das leicht verläuft, so wird das Bild kontrastreicher. Gut trocknen lassen.

2

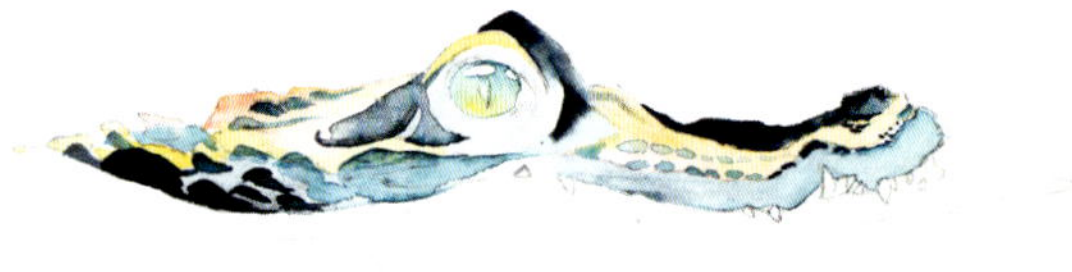

Mit wenig Wasser verdünnt werden nun Details herausgearbeitet, so werden die Farben schön satt. Die im Hintergrund liegenden Bereiche des Kopfes und einige Schuppen am Körper können besonders dunkel werden.

3

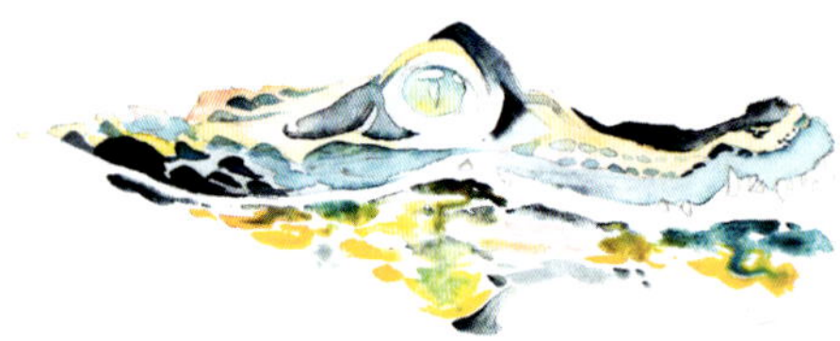

Kleckse nun mit viel Wasser die Spiegelung des Tieres aufs Papier. Arbeite schnell, denn hier wünschen wir uns ein Ineinanderlaufen der Farben. Die Kleckse dürfen gern ungeordnet verteilt werden, nur die grobe Silhouette des Krokodils sollte erkennbar bleiben.

4

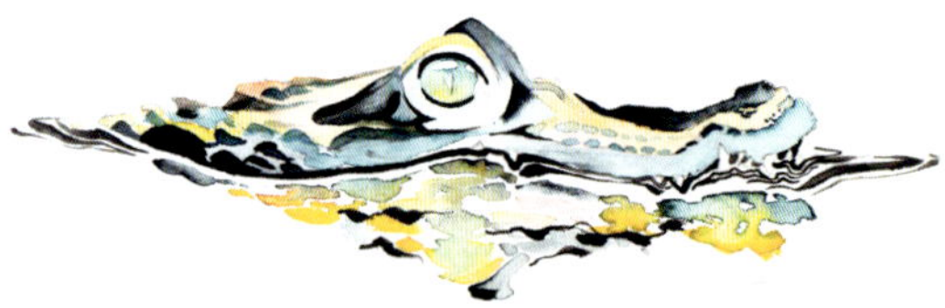

An den Rändern, wo das Krokodil die Oberfläche des Wassers durchbricht, kannst du eine Wasserkante mit geschlängelten Linien in Anthrazit nachzeichnen.

5

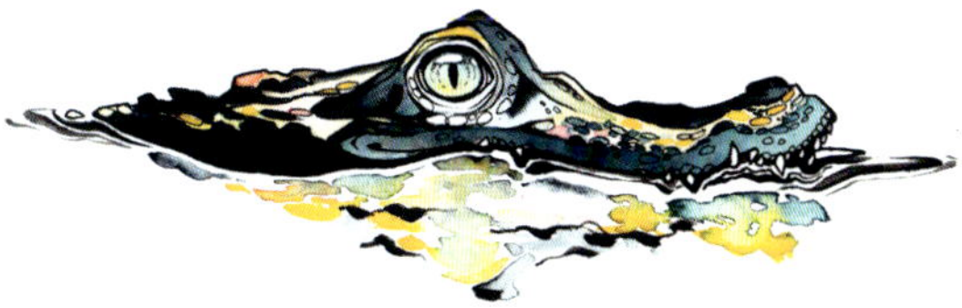

Zeichne nun die Konturen mit einem dicken Stift und setze kleine Details in die Augen und vereinzelt auf die Schuppen.

Vorlage

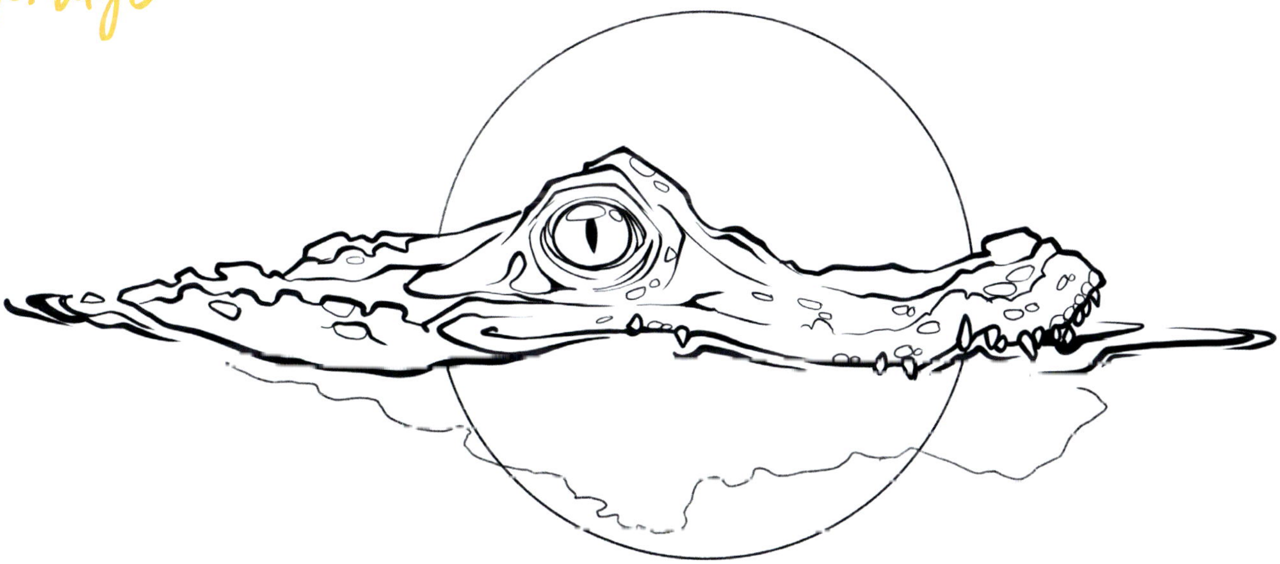

Dackel

Der kleine Rauhaardackel blickt sehnsüchtig in Richtung Herrchen oder Frauchen. Ob es noch ein Leckerli zu erhaschen gibt? Bei diesem Motiv können wir eine andere Perspektive ausprobieren: den Blick von oben.

MATERIAL

Aquarellfarben

- Lichter Ocker natur
- Titangoldocker
- Elfenbeinschwarz oder Anthrazit
- Olivgrün gelblich

Sonstiges

- Fineliner
- Rundpinsel, Größe 5 und 10
- Buntstifte
- Lineal

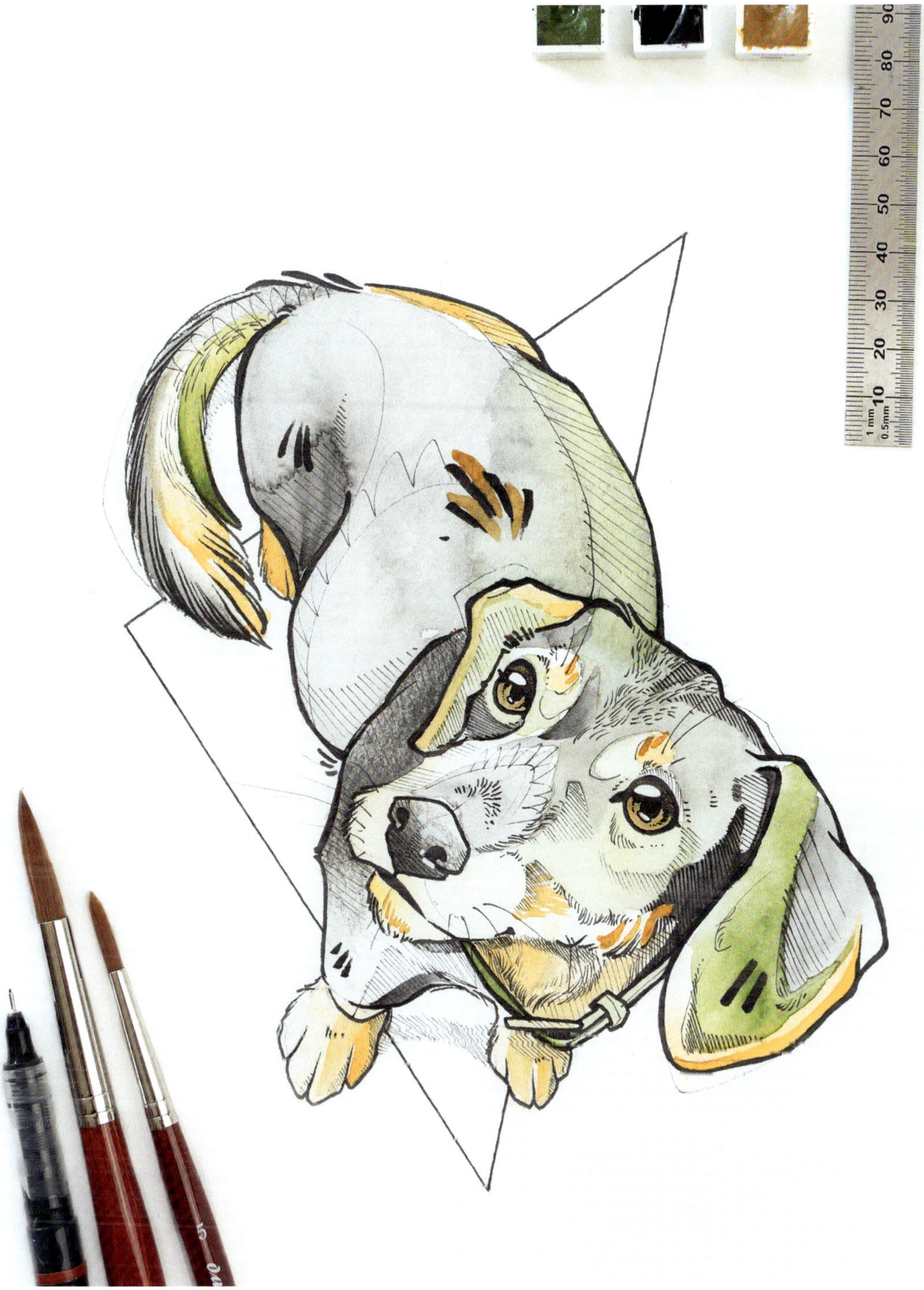

So geht's

1

2

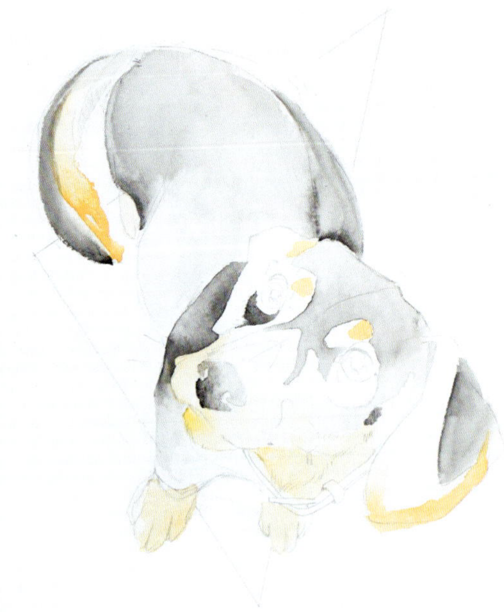

Übertrage die Vorlage leicht mit Bleistift auf dein Papier. Trage zuerst das Gelb auf. Der Dackel hat eine helle Schnauze, helle Pfoten sowie die markanten Flecken über den Augen. Bringe verschieden intensive Tönungen hervor, indem du mal mehr, mal weniger Wasser benutzt.

Die dunklen Flächen kannst du ebenfalls mit unterschiedlicher Intensität aufbringen. Lass einige Bereiche frei für die grüne Farbe, die wir direkt im Anschluss auftragen, bevor die dunklen Flächen getrocknet sind.

3

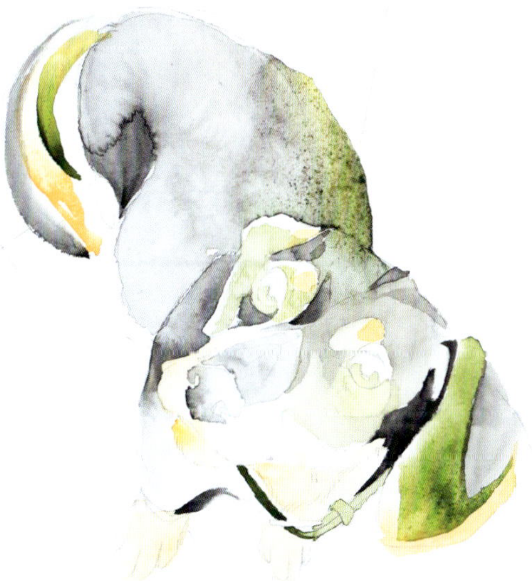

4

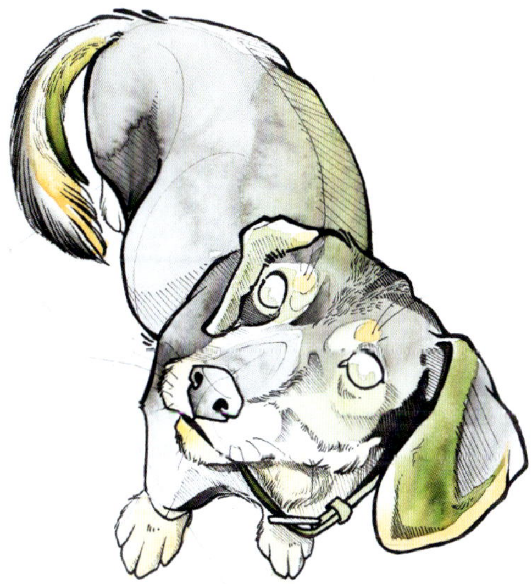

Verwende nun auf den restlichen Flächen ein moosiges Grün. Wenn das Papier noch feucht ist, vermischen sich die Farben gut und schaffen einen spannenden Verlauf aus Grau und Grün. Besonders am Rücken kann man dies gut beobachten. Im Bereich unter dem Ohr und bei den Pfoten habe ich zusätzlich noch einen stärkeren Schatten gesetzt.

Im nächsten Schritt geht es an die Konturen. Ich beginne mit den groben Außenlinien und arbeite mich nach und nach zu den kleinen Details mit einem feineren Stift vor. Bei diesem Motiv habe ich überwiegend mit parallel verlaufenden Linien schraffiert.

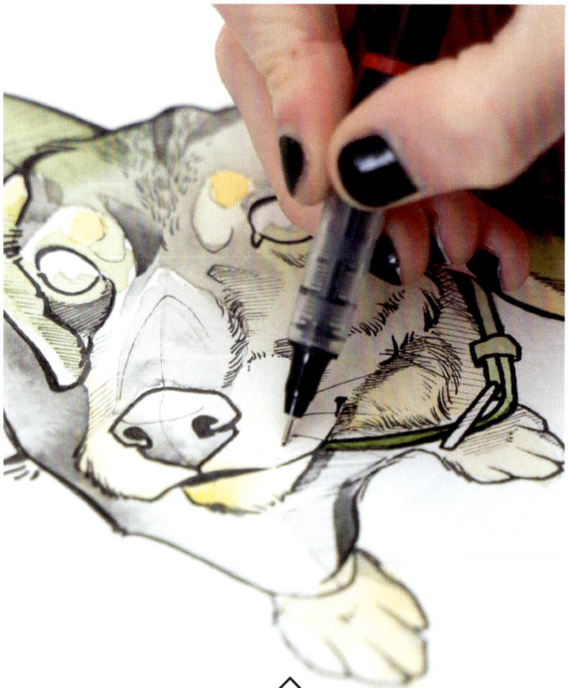

5

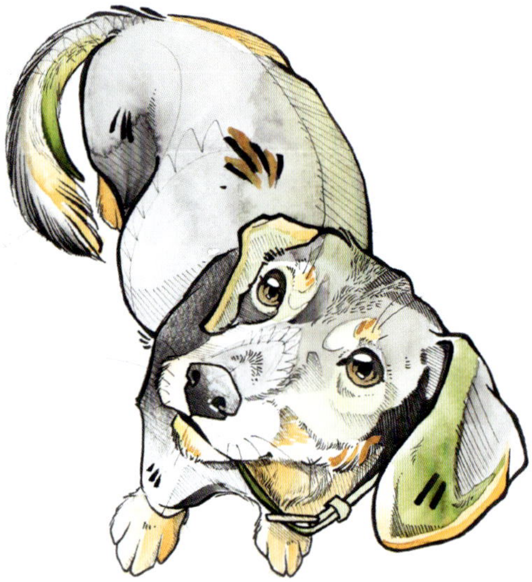

Tipp

Übe das Ziehen von parallel verlaufenden Linien ein paar Mal auf einem Schmierpapier. Versuche, den Stift schnell und ohne zu viel Druck über das Papier gleiten zu lassen.

Finaler Schritt ist das Einfügen von kleinen Details und die verzierende Form im Hintergrund. Ergänze die saubere Linienschraffur durch grobe und feine Striche für eine abstrakte Darstellung des Fells. Sei nicht scheu, auch im Nachhinein noch farbige Akzente zu setzen, wenn dir eine Stelle zu leblos vorkommt.

Vorlage

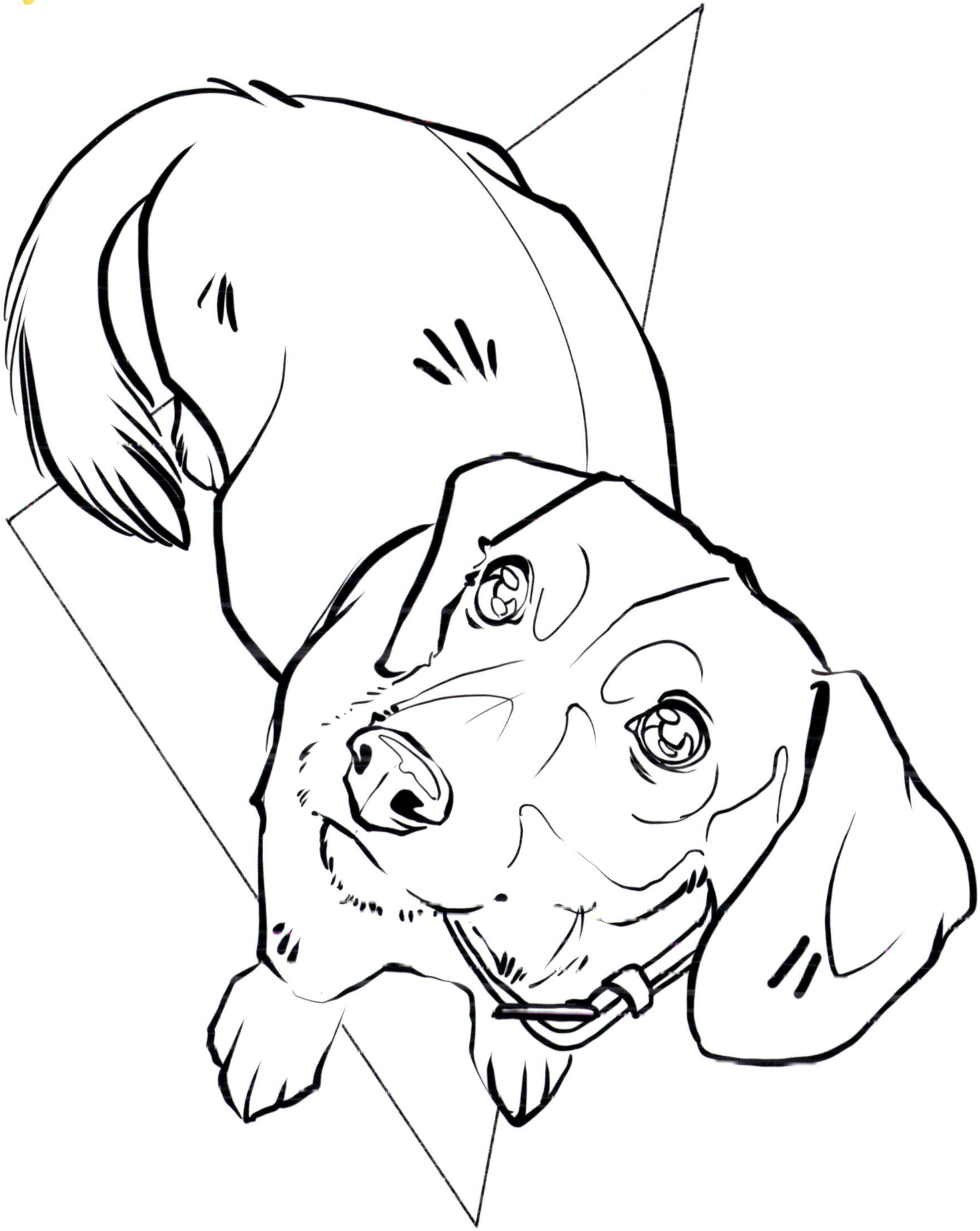

Eisvogel

Wusstest du, dass es in Asien eine Eisvogelart mit rotem Schnabel, gelbem Bauch, pinkem Kopf und tiefblauen Flügeln gibt? Wir bleiben bei diesem Motiv aber bei der heimischen Variante, denn er schillert genauso schön.

MATERIAL

Aquarellfarben

- Türkisblau
- Preußischgrün
- Indigoblau
- Paynesgrau bläulich
- Chromgelbton dunkel

Sonstiges

- Rundpinsel, Größe 1, 5 und 10
- Fineliner
- Buntstifte
- weiße Tusche oder weißer Lackstift

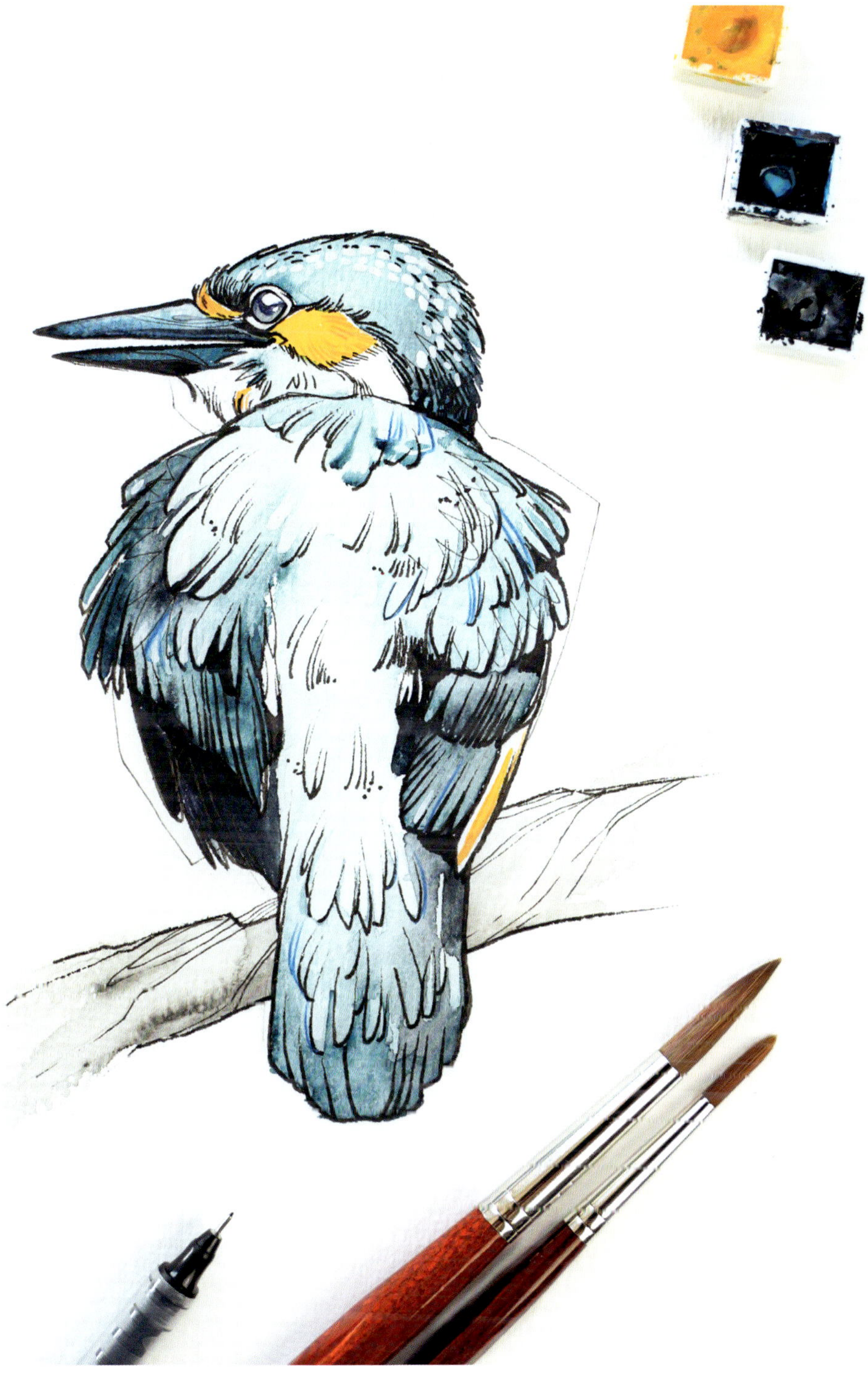

So geht's

1

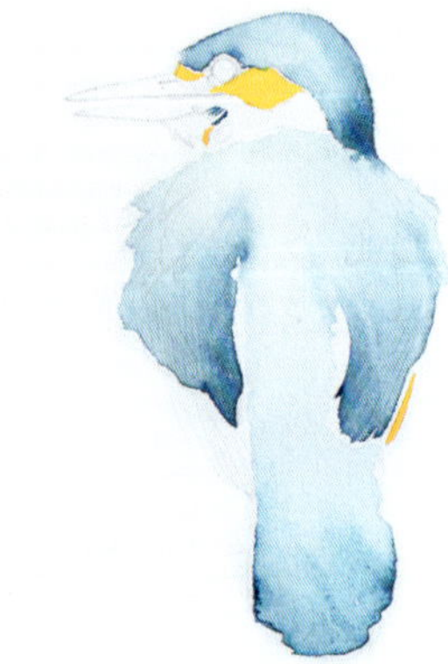

Übertrage die Vorlage leicht mit Bleistift auf dein Papier. Die Grundfarbe für den Eisvogel besteht aus Blau im Gefieder. Arbeite dabei mit viel Pigment in den Enden der Flügel und Schwanzfedern, lass die Farbe zur Mitte fließend auslaufen. Ergänze die gelben Federn im Gesicht. Lass die Farben gut trocknen.

2

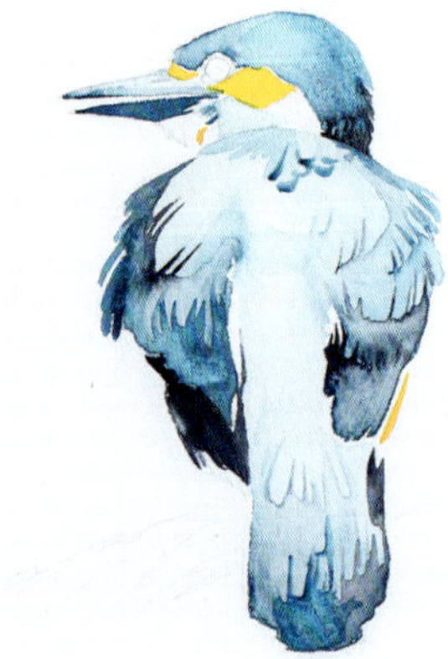

In diesem Schritt geht es um das Strukturieren des Gefieders. Die Federn liegen in schuppenartigen Schichten übereinander, und ich vergleiche sie gern mit Dachziegeln. Male dafür eng aneinanderliegende Bögen. Nutze stark verdünnte Farbe und einen Pinsel mit feiner Spitze für die kleinen Ecken.

3

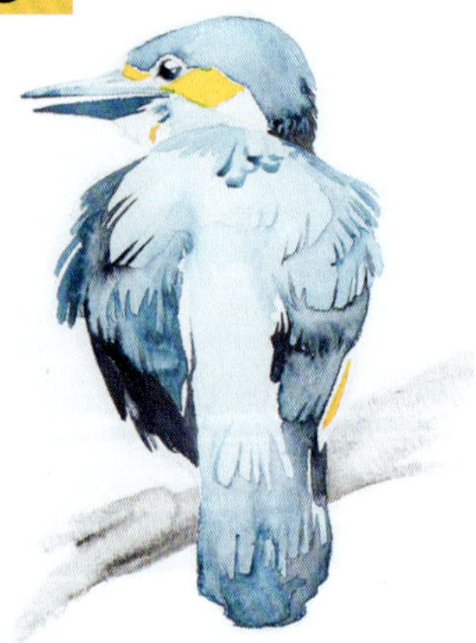

Ergänze nun den Holzstamm, auf dem der Eisvogel sitzt. Erhöhe den Kontrast im unteren Flügelbereich und lass das Motiv lebendiger erscheinen, indem du das Auge ausmalst. Achte darauf, die Lichtpunkte auszusparen.

4

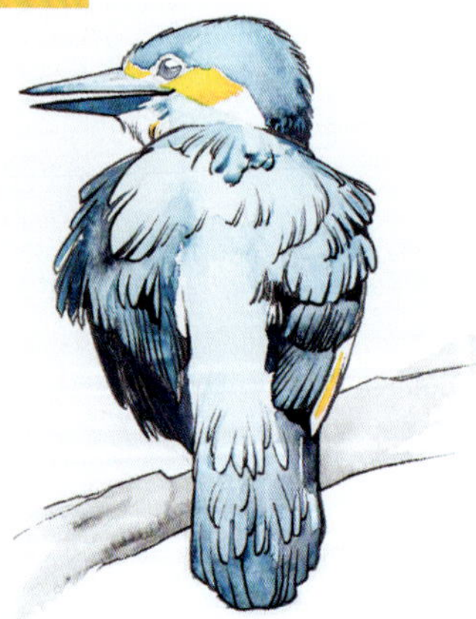

Ziehe die Konturen des Eisvogels nach, bei den abstehenden Federn kannst du ruhig etwas freier arbeiten. Mit einem dünnen Fineliner kannst du die bogenartigen Federn nacharbeiten und ein paar weitere feine Striche ergänzen, die der Schraffur von Fell ähneln.

Vorlage

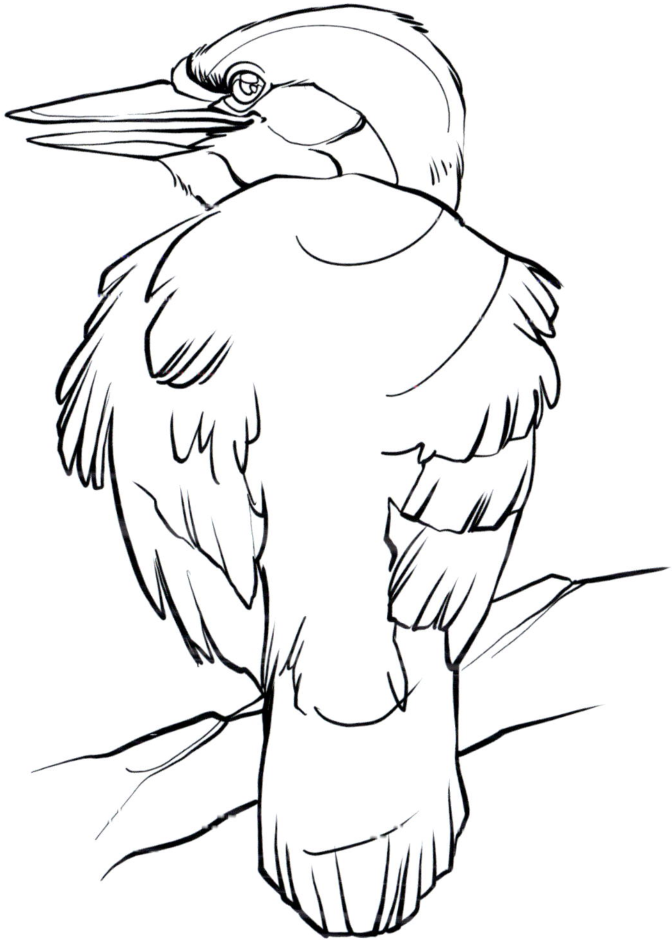

5

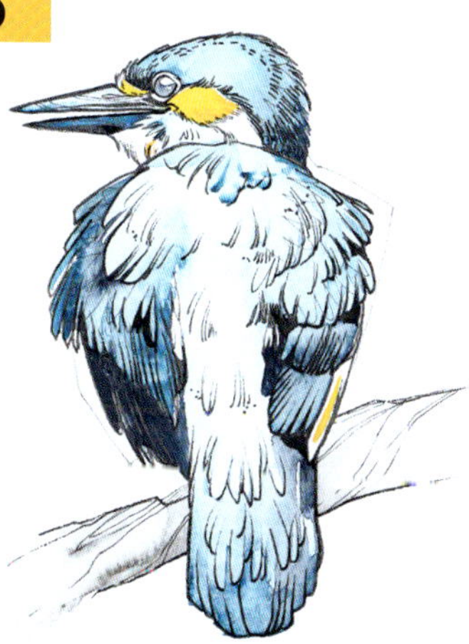

Detailliere nun das Motiv. Im gelben Bereich des Gefieders habe ich mit einem orangefarbenen Buntstift Akzente gesetzt. Weiße Punkte am Kopf und einige weiße Federn im Hauptgefieder runden das Bild des Eisvogels ab.

Tipp

Je öfter du dünne Farbschichten übereinander aufträgst, desto dunkler wird die Stelle. Verleihe deinem Bild durch unterschiedliche Abtönungen mehr Tiefe.

Gekko

Der Gekko ist eine kleine nachtaktive Echse, die buchstäblich Wände hochgehen kann. Das ist eine Eigenschaft, um die ich den Gekko besonders beim Felsklettern sehr beneide. Bei diesem Motiv hast du Gelegenheit, eine Dotwork-Schraffur anzulegen.

MATERIAL

Aquarellfarben

- Kadmiumorange hell
- Chromgelbton dunkel
- Lasurgoldgrün
- Anthrazit

Sonstiges

- Rundpinsel, Größe 1 und 5
- Fineliner

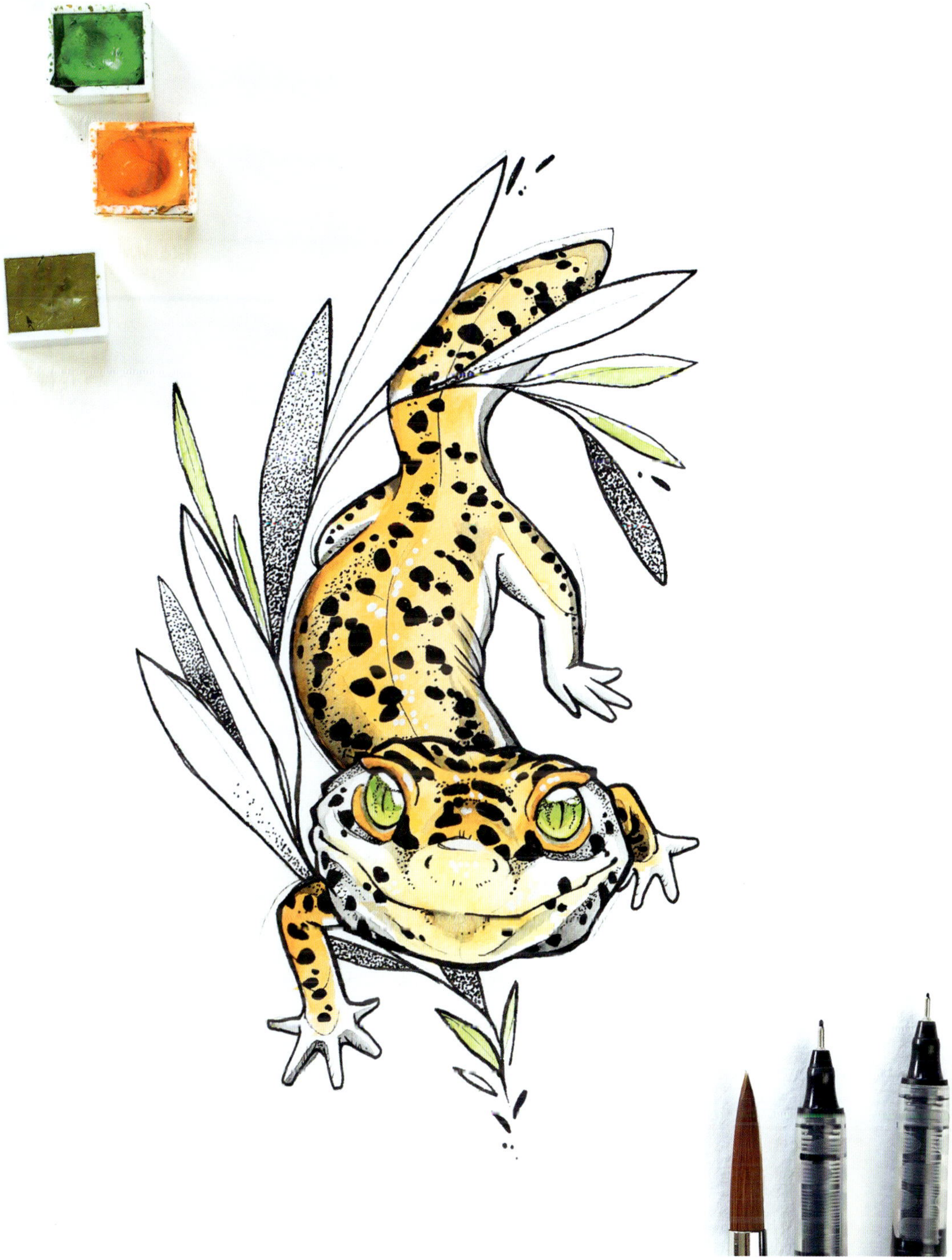

So geht's

1

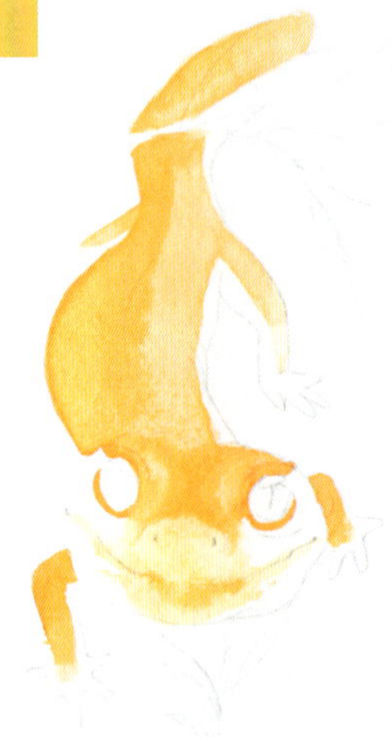

Übertrage die Vorlage leicht mit Bleistift auf dein Papier. Male den Körper des Gekkos in einem satten Orange. Spare die Unterseiten der Beine und die Seiten des Gesichts aus. Die Nase kannst du etwas heller gestalten. Arbeite um die Augen mit der intensivsten Tönung.

2

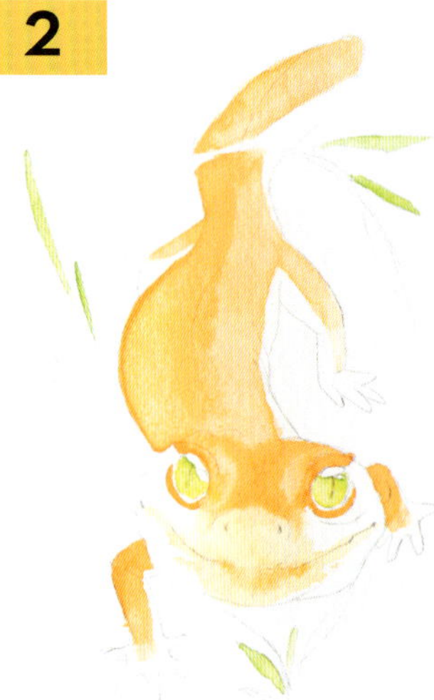

Trage ein helles Grün auf einige kleine Blätter der Verzierung auf. Die Augen haben einen leichten Verlauf, wobei die oberen Ränder dunkler sind und die Mitte des Auges fast schon gelb ist. Diesen Effekt erreichst du, indem du das helle Grün mit viel Wasser verdünnst.

3

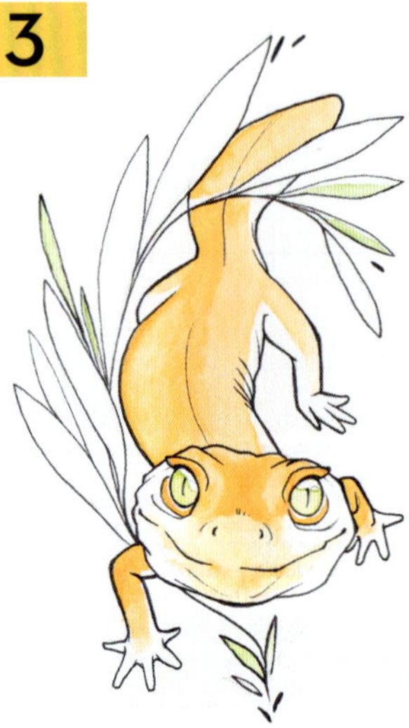

Ziehe alle Konturen mit einem Fineliner nach. Für die äußeren Konturen habe ich den 0,5 mm starken Fineliner benutzt, für die feinen Linien im Gesicht und weitere Details den Fineliner mit 0,1 mm Stärke. Variiere in der Linienstärke für eine lebendige Wirkung.

4

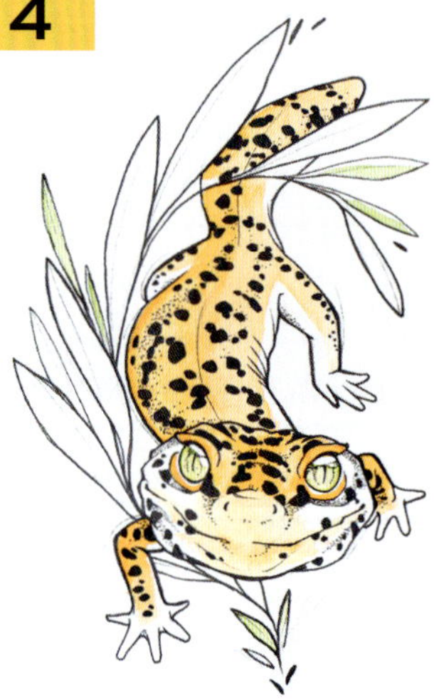

Nimm nun einen dickeren Fineliner und zeichne dem Gekko viele unregelmäßige Flecken auf. Im Gesicht und am Schwanz fügen sie sich zu leichten Bändern zusammen. Schraffiere Bereiche, die dunkler wirken sollen, mit einem dünnen Fineliner. Probiere bei diesem Motiv die Dotwork-Schraffur aus, sie besteht aus vielen kleinen Punkten.

5

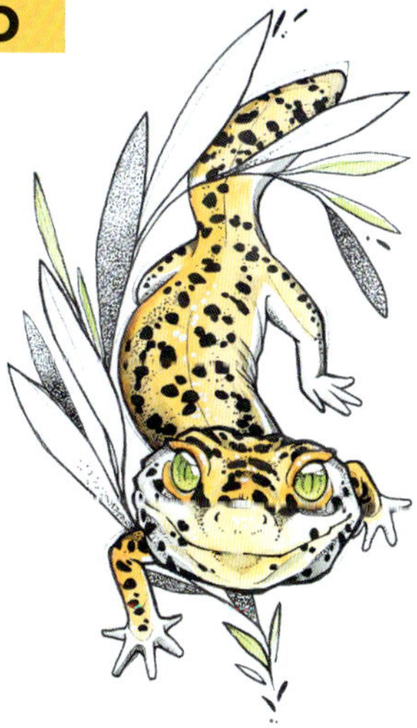

Schattiere nun auch einige Blätter mit der Dotwork-Schraffur. Um noch mehr Tiefe im Bild zu erzeugen, male noch ein paar Schatten mit einem hellem Grau unter das Kinn, an den Rand des Rückens, an die Unterseiten der Beine und in die Rundung der Augen.

Vorlage

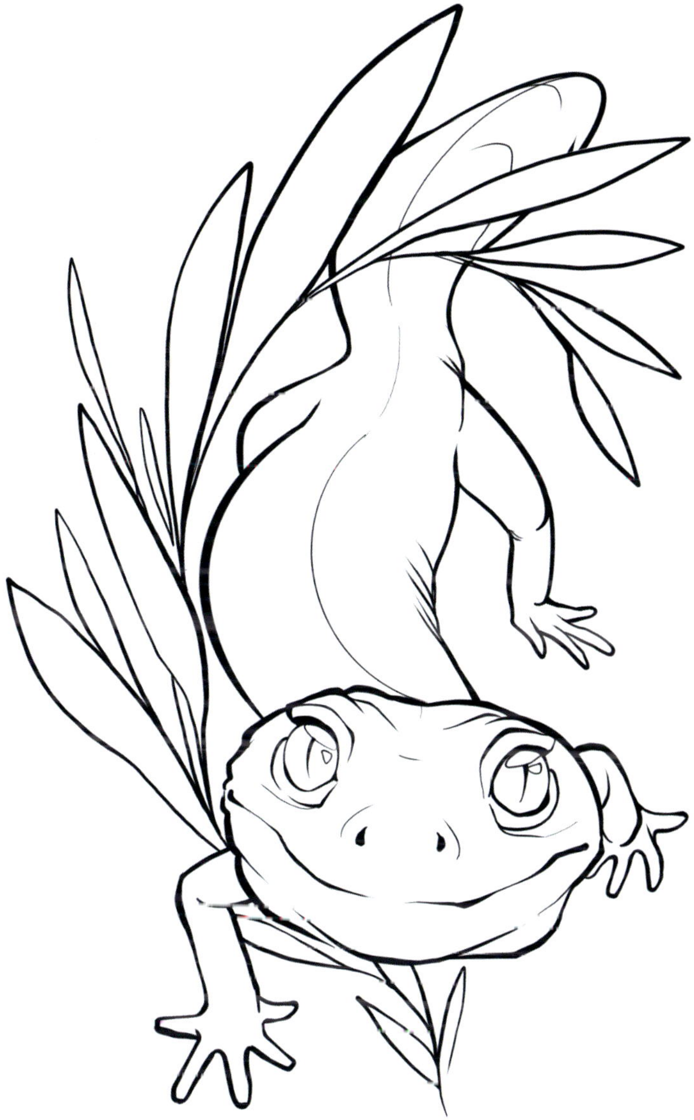

Kätzchen

Während der letzten Monate ist ein Kätzchen bei mir eingezogen. Es ist ein freches Tier und hat unendlichen Spieltrieb. Beim Malen und Zeichnen legt es sich auch gern mal auf mein Papier oder spielt mit den Stiften und Pinseln.

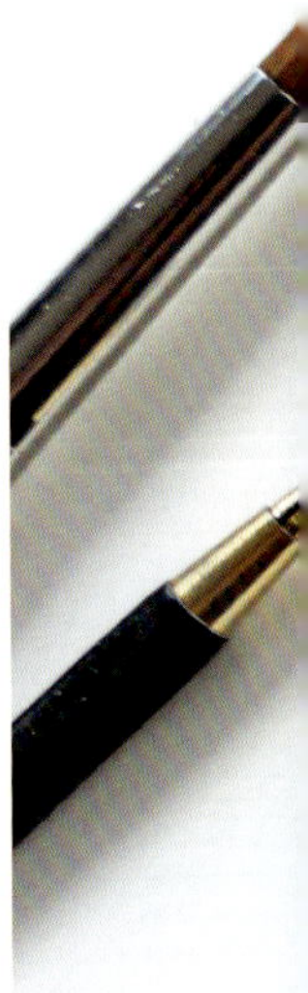

MATERIAL

Aquarellfarben

» Anthrazit
» Indigoblau
» Krapplack Rosa
» Neapelgelb rötlich
» Lasurgoldgrün

Sonstiges

» Rundpinsel, Größe 5 und 10
» Fineliner
» evtl. Buntstifte
» Lineal

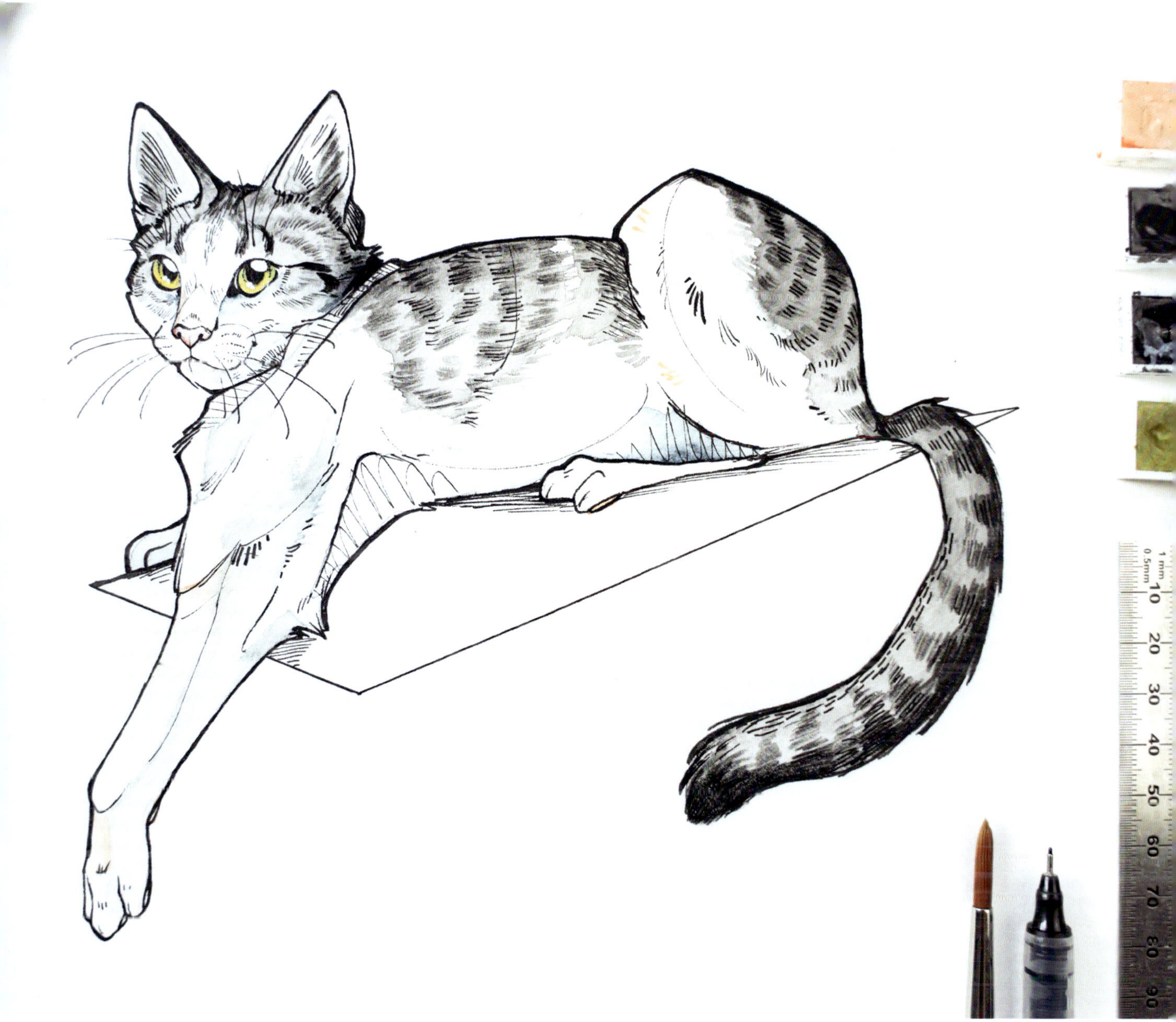
10
20
30
40
50
60
70
80
90

So geht's

1

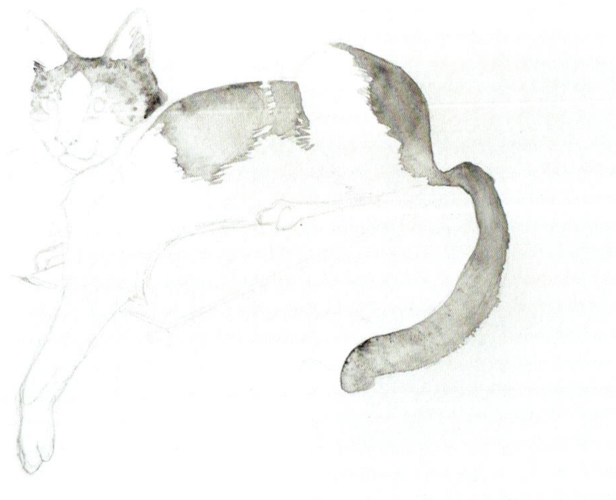

Übertrage die Vorlage dünn mit Bleistift auf dein Papier. Im ersten Schritt malst du die graue Fläche des Fells nach. Hier kommt es nicht auf Präzision an, du kannst gern etwas ausprobieren. An den Rändern deutet sich eine leichte Fellstruktur an.

2

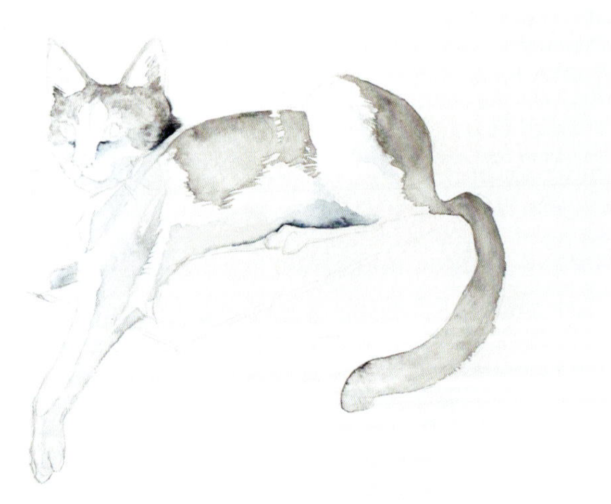

Mit einem Gemisch aus Grau und Blau werden nun Schatten im weißen Fell gesetzt. Weißes Fell reflektiert die Farben der Umgebung, deshalb benutze ich häufig Blau oder Gelb dafür. Zeichne auch hier ein paar Haarbüschel.

3

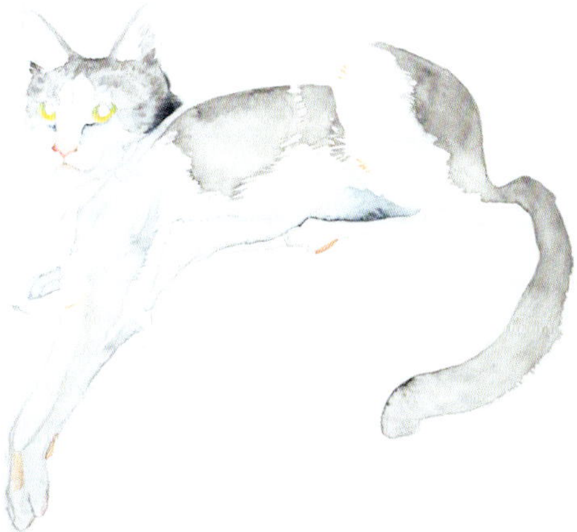

Setze kleine Akzente in Gelb und Rosa, wie z. B. bei der Nase oder den Pfoten. Auch die Augen werden schon in Gelbgrün angelegt.

4

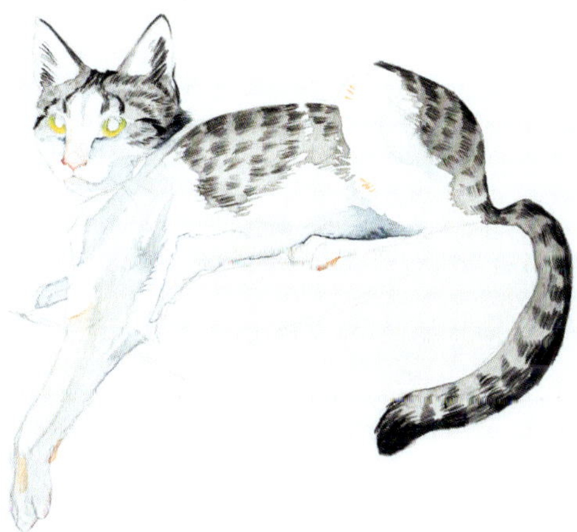

In diesem Schritt zeichnest du die Tupfen und Streifen des Fells nach. Ich habe hier mit einem Buntstift gearbeitet, du kannst sie aber auch mit dunkler Aquarellfarbe malen. Folge dabei den angelegten Linien der Vorlage.

5

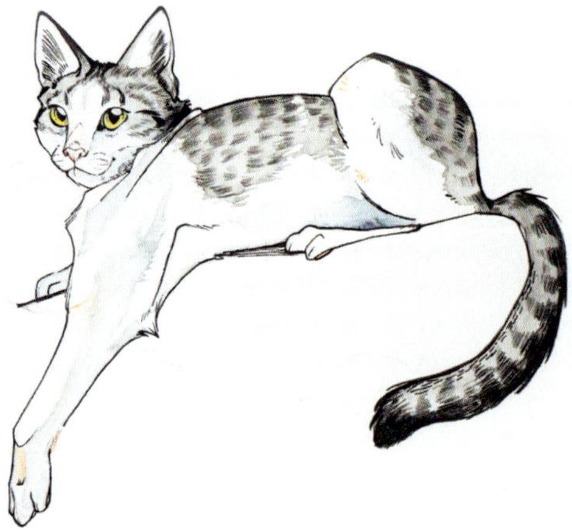

Ziehe die äußeren Konturen und das Gesicht mit einem dünnen Fineliner nach.

6

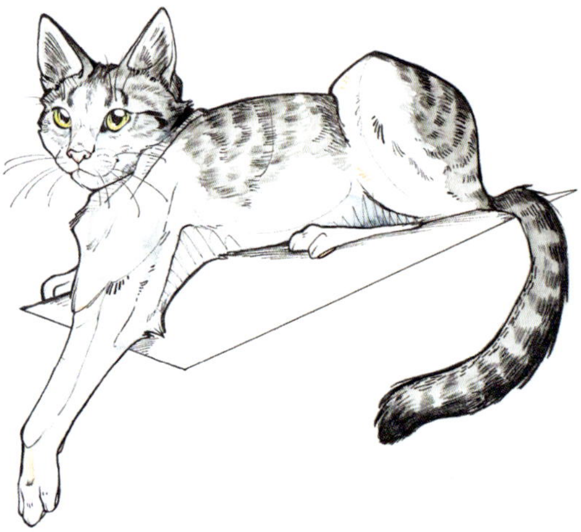

Versieh dein Motiv mit kleinen Details, einzelnen Linien zum Andeuten des Fells und ein paar grafischen Schraffuren. Vergiss nicht die Schnurrhaare und die verzierende Form. Hier ist es ein Dreieck, auf dem das Kätzchen zu liegen scheint. Ein kleiner Schatten unter den Pfötchen verstärkt diese Wirkung.

Vorlage

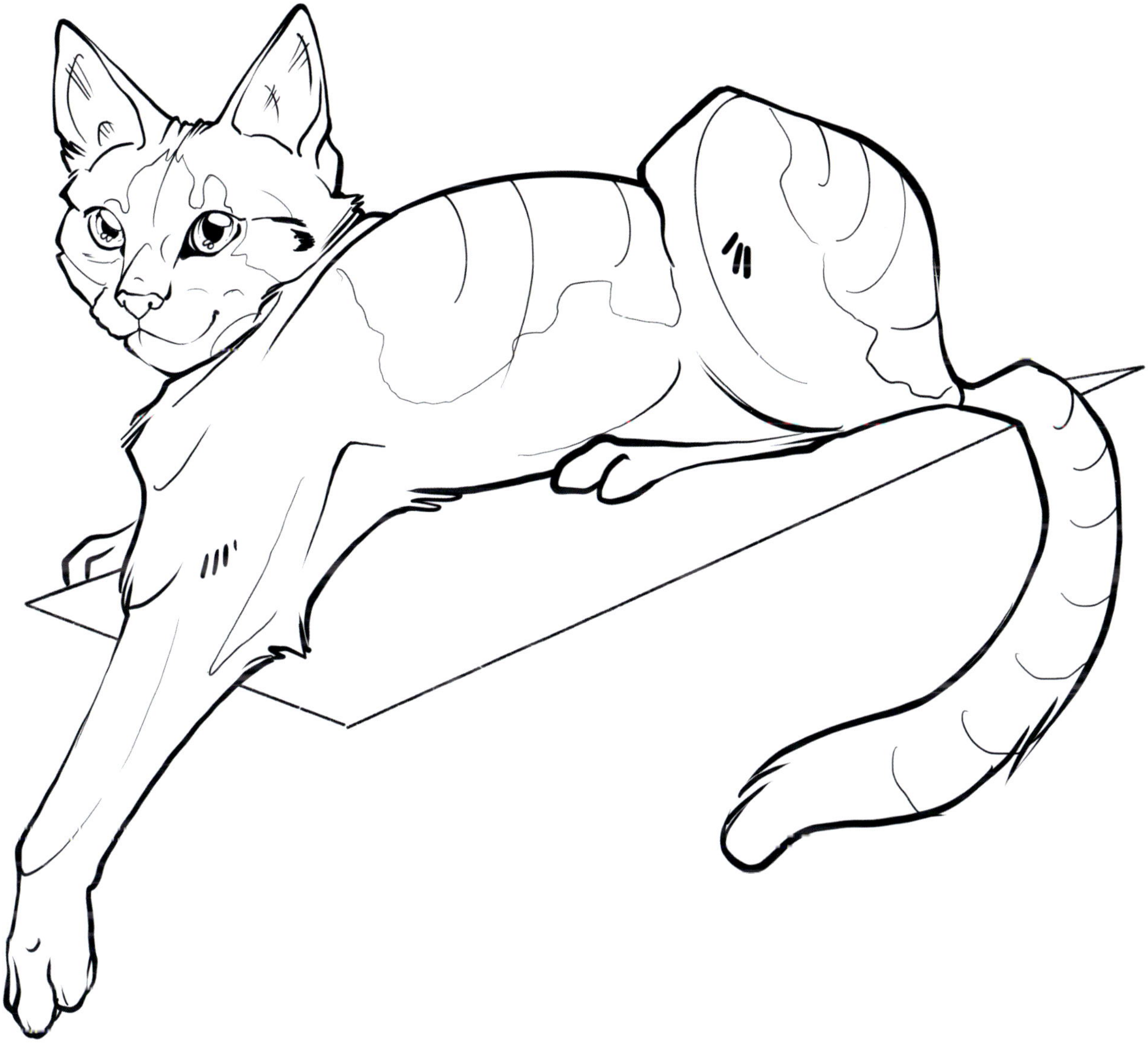

Rotfuchs

Das Fuchsmotiv ist perfekt für zwischendurch, es sorgt mit seiner locker gekritzelten Art und den fröhlichen Farben für gute Laune.

MATERIAL

Aquarellfarben

» Chromgelbton dunkel
» Kadmiumorange hell
» Paynesgrau bläulich

Sonstiges

» Rundpinsel, Größe 5 und 10
» Fineliner
» weiße Tusche, Acrylfarbe oder Gouache

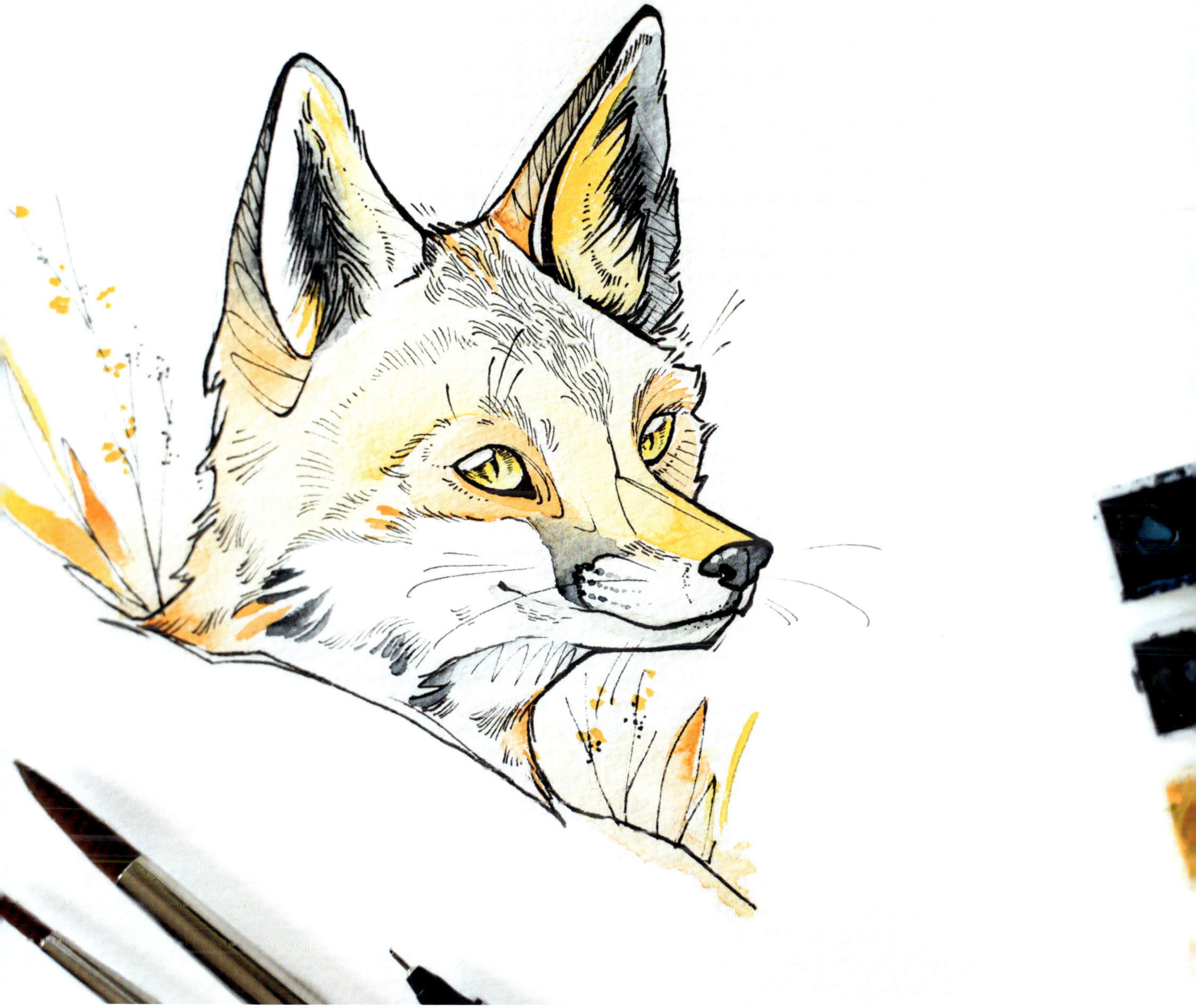

So geht's

1

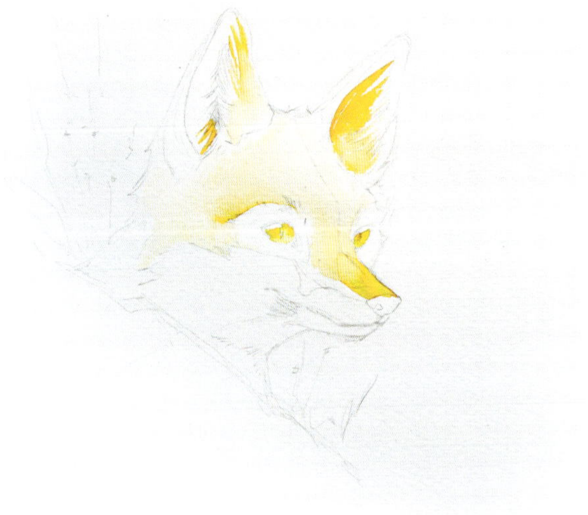

Zeichne die Umrisse des Rotfuchses mit Bleistift vor. Tauche Nase, Augen und Ohren in helles Gelb. An der Nase und im Ohr ist die Sättigung am höchsten, die Stirn bleibt dagegen sehr hell. Lass die Farbe trocknen.

2

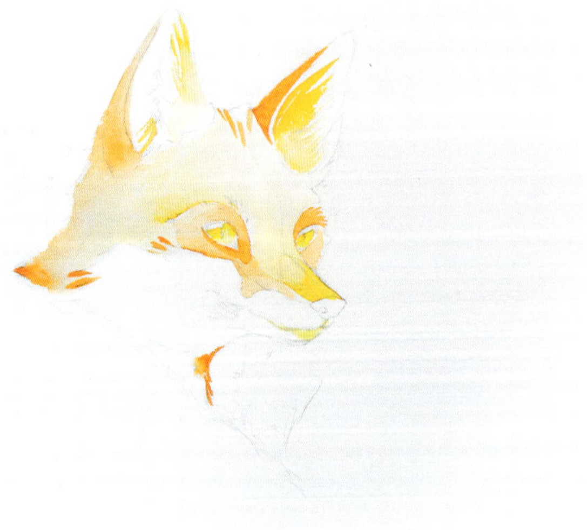

Nimm ein dunkleres Orange und umrande die Augenpartie, setze einige Fellbüschel und Farbakzente an den Ohren und am Kragen. Lass die Farbe anschließend trocknen.

3

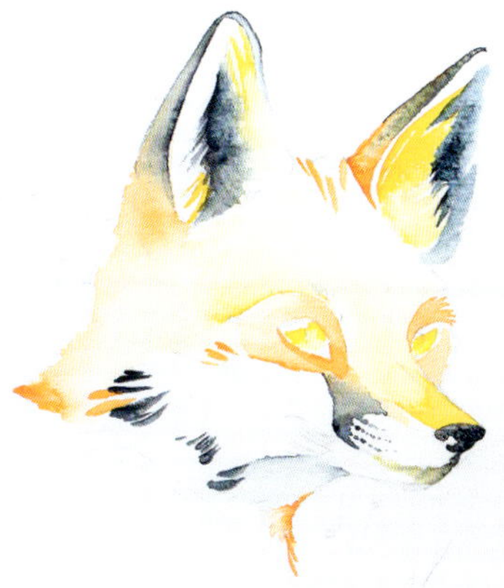

Mit einem dunklen Blau werden die Schatten und das dunkle Fell gemalt. Achte auf einen schönen Verlauf in den Ohren und bei der Schnauze. Am Kragen sind einige abstrakte Fellbüschel in Tropfenform.

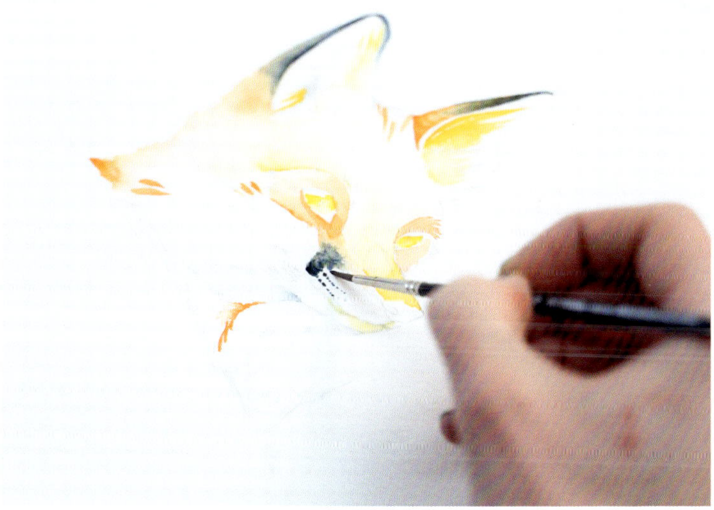

Tipp

Um den Verlauf zu unterstützen, streichst du zuerst mit Wasser über eine bereits bemalte Fläche. Dann kannst du mit einer zweiten Farbe darüber arbeiten. Beginne an der Stelle, wo du dir die Farbe am kräftigsten wünschst.

4

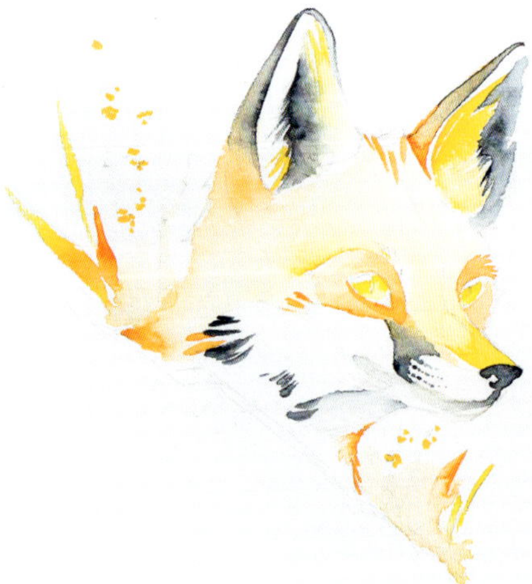

Im Hintergrund ist eine wilde Kräuterwiese angedeutet. Du darfst hier einfach drauflospinseln und tupfen. Lass die Ränder nach oben sanft auslaufen.

5

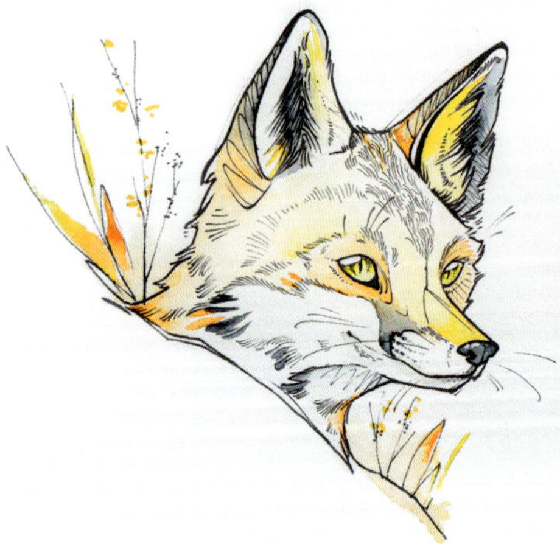

Anschließend werden die Konturen etwas dicker nachgezogen. Verdeutliche die Fellstruktur mit vielen dicht gesetzten Strichen, die z. B. den Bogen um die Augen umrahmen oder ein Dreieck auf der Stirn zeichnen. Setze weiße Glanzpunkte mit Tusche, Acrylfarbe oder Gouache auf die Nase.

Vorlage

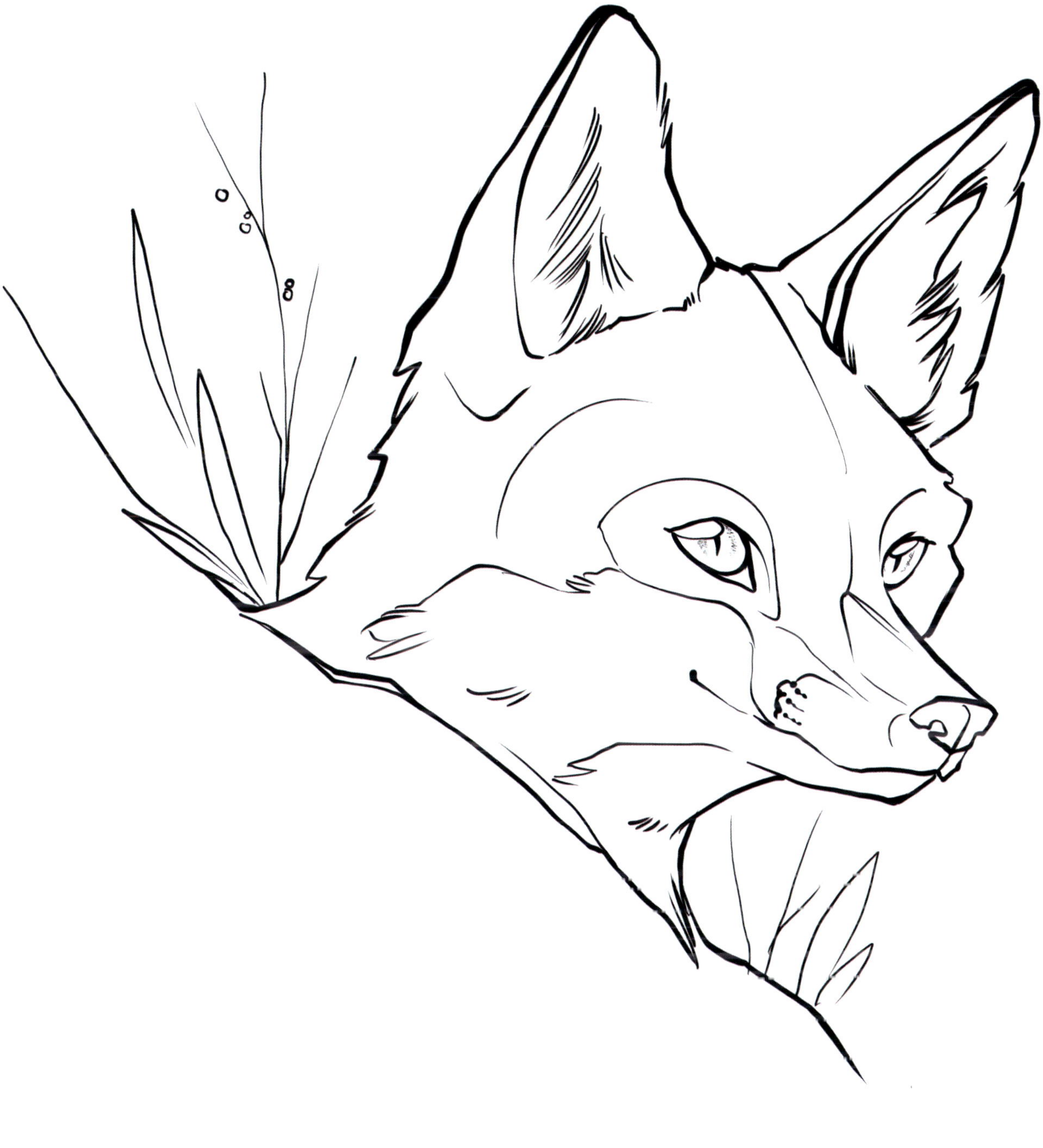

Sandkatze

Die kleine Wildkatze ist mit ihrem sandfarbenen Fell perfekt in Sand- und Steinwüsten getarnt. Sie hat einen breiten abgeflachten Kopf und große, weit außenstehende Ohren. Ob sie vielleicht das Piepsen einer Springmaus hört?

MATERIAL

Aquarellfarben

- Lichter Ocker natur
- Titangoldocker
- Kadmiumorange hell
- Krapplack Rosa
- Anthrazit

Sonstiges

- Rundpinsel, Größe 1 und 10
- Fineliner
- Lineal

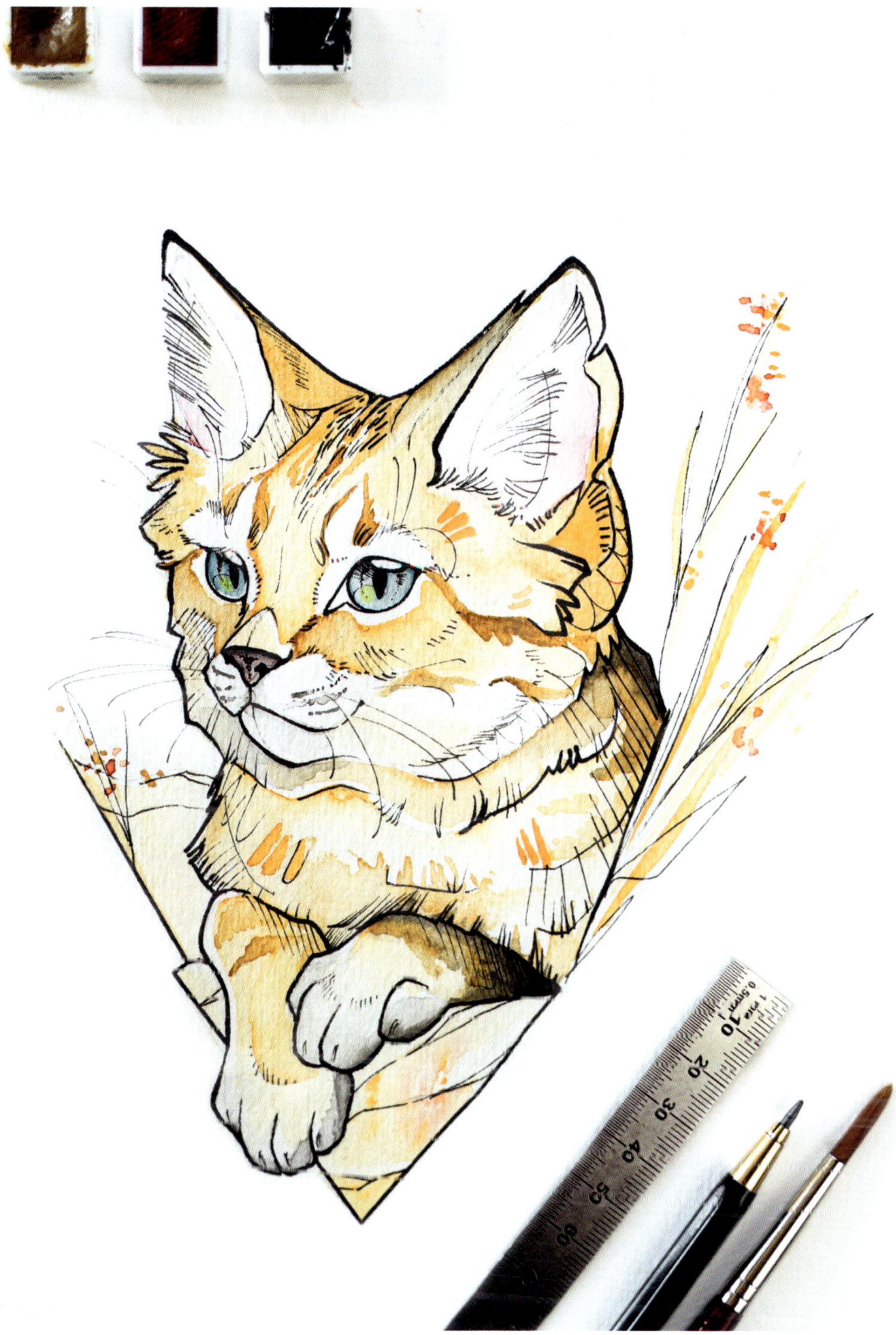

So geht's

1

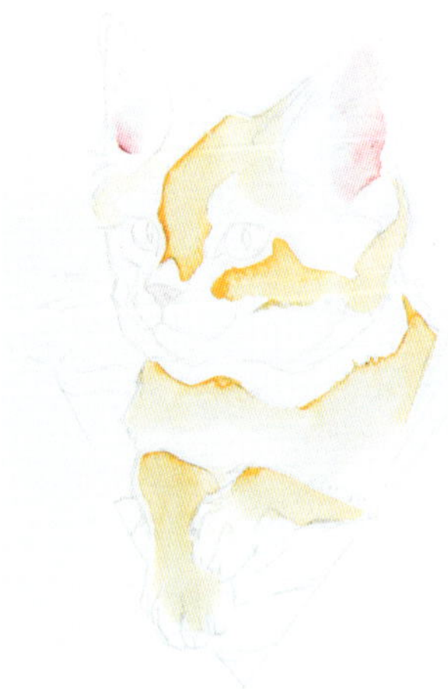

Zeichne als Erstes die Umrisse der Sandkatze leicht mit Bleistift vor. Dann verwendest du für die Grundfarbe einen Ockerton. Verdünne diese Farbe und nutze einen Verlauf für Schattenkanten im Motiv. Ohren und Nase werden einen Hauch in Rosa getaucht.

2

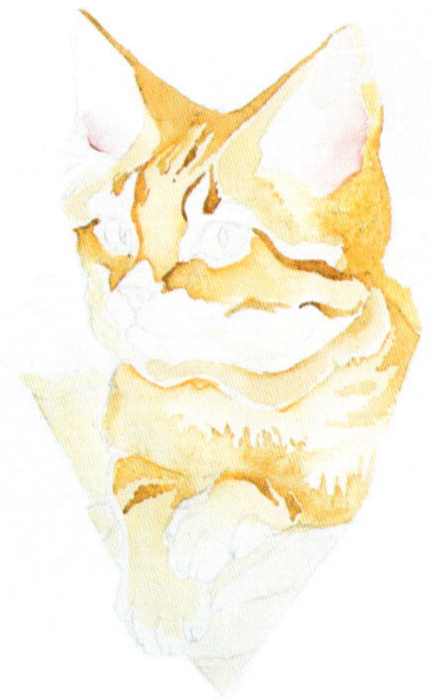

Wenn du die Ockerfarbe nur schwach verdünnst, wird sie schon satt. Damit kannst du schattige Bereiche nacharbeiten, aber auch die getigerte Fellzeichnung der Sandkatze malen. Die Außenseite der Ohren ist etwas dunkler. Lass alles gut trocknen.

3

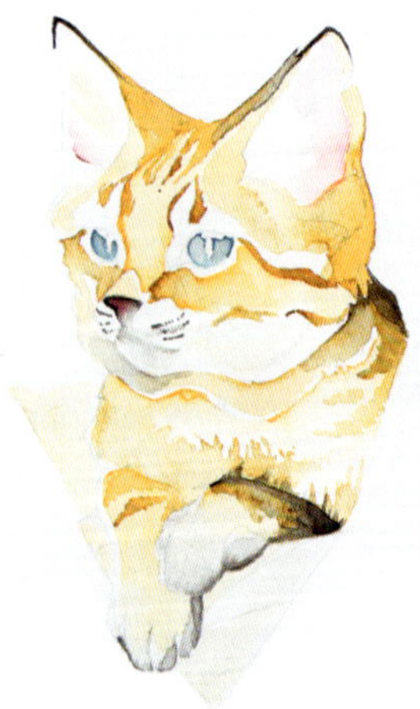

Dunkles Grau bringt Kontrast ins Motiv. Es findet sich bei der Nase, am Nacken, den Ohrenspitzen und den Pfoten. Achte auf ein sanftes Auslaufen von einer dunklen Kante aus. Die Augen werden türkisblau.

4

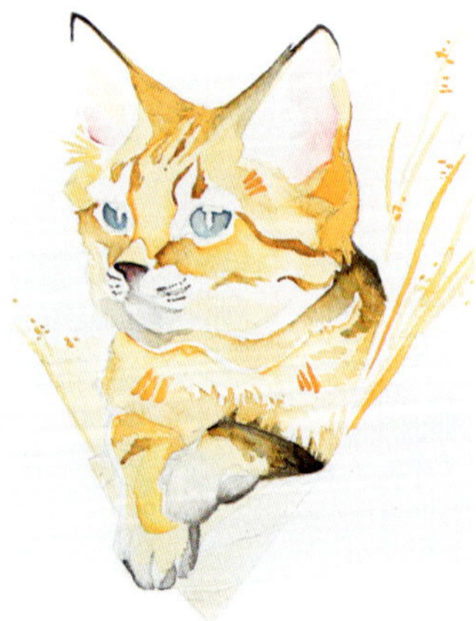

Im Hintergrund finden sich trockene Gräser, und es wird eine wüstenartige Landschaft angedeutet. Halte den Hintergrund einfach und abstrakt.

5

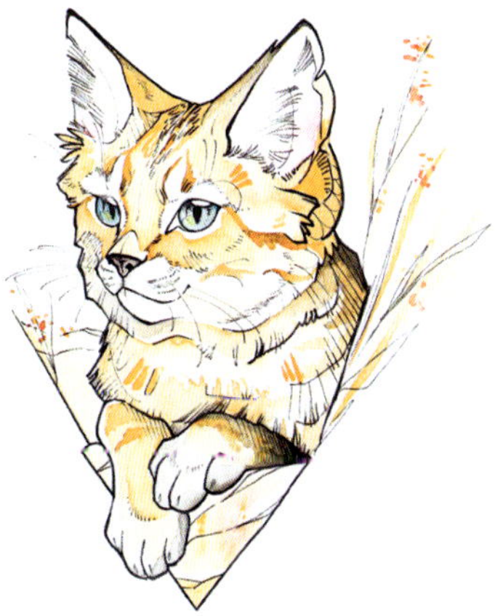

Zeichne die Konturen außen etwas dicker. Detailliere das Fell durch wilde Büschel und kleine skizzenhafte Schraffuren. Die zulaufende Form unter den Pfoten kannst du mit einem Lineal nachziehen.

Vorlage

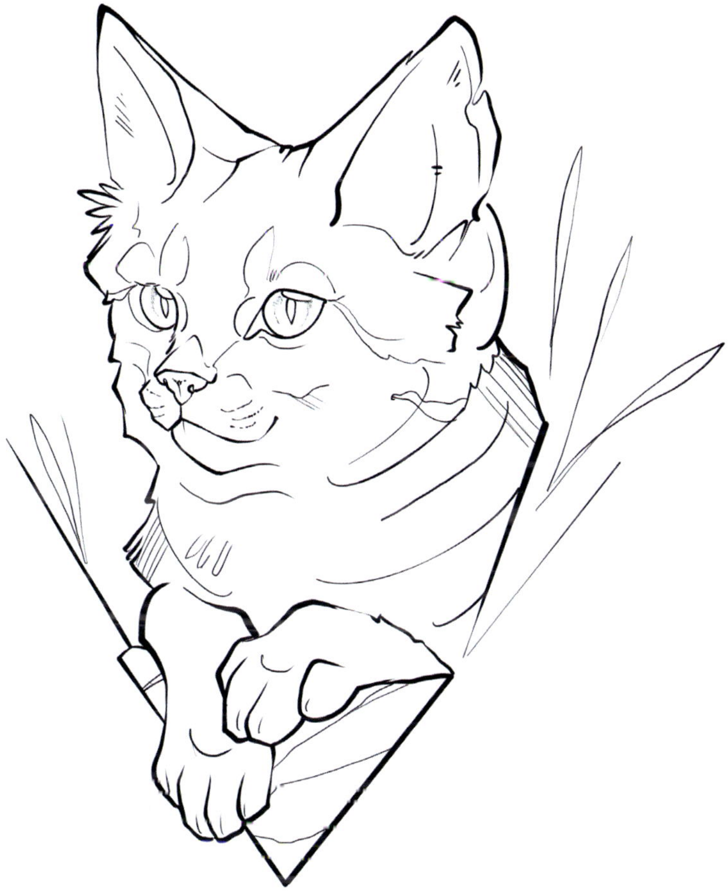

Schildkröte

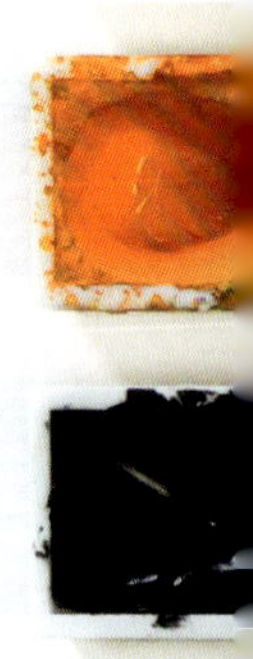

Das Motiv eignet sich gut, um die Nass-in-Nass-Technik auszuprobieren und mit knalligen Farben die eigene Lieblingspalette auszuschöpfen.

MATERIAL

Aquarellfarben

» Lasurgoldgrün
» Anthrazit
» Kadmiumorange hell

Sonstiges

» Buntstifte
» Rundpinsel, Größe 1 und 10
» Fineliner
» Zirkel

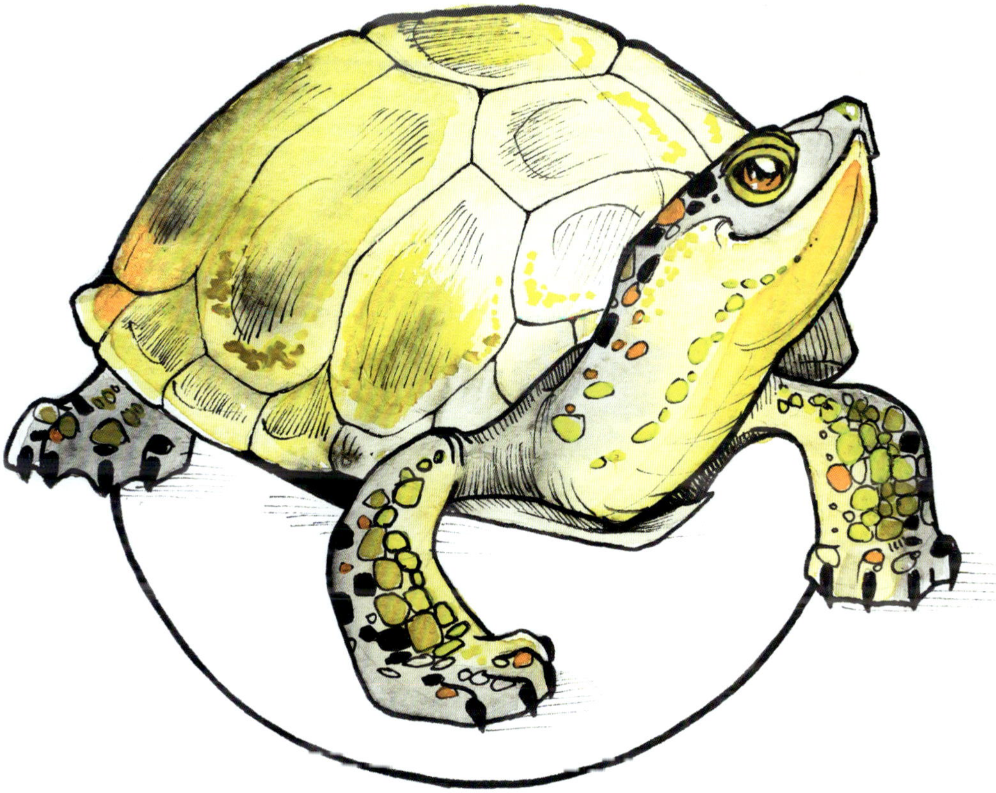

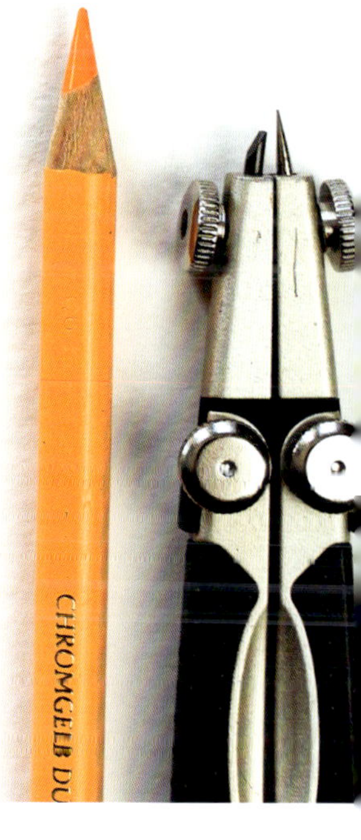
CHROMGELB

So geht's

1

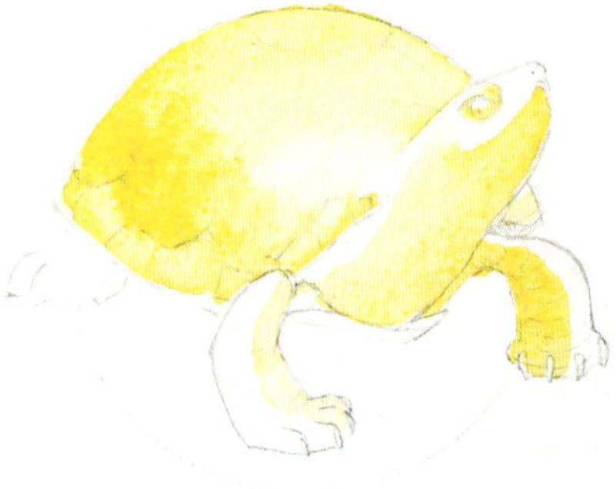

Übertrage die Vorlage dünn mit Bleistift auf dein Papier. Beginne anschließend mit der Grundfarbe, einem hellen Gelbgrün, und male Panzer, Kinn, Augen und Teile der Vorderbeine an. Probiere gern aus, wie die Farbe sich verhält, tupfe oder schiebe sie an die gewünschte Stelle. Lass das Papier nicht trocknen.

2

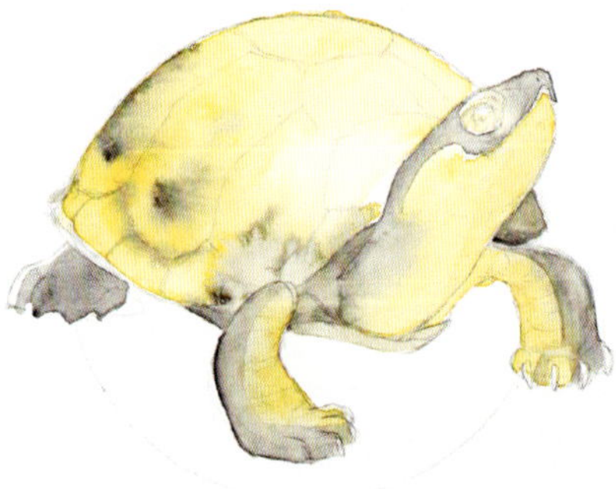

Bemale die restlichen Flächen der Schildkröte, d. h. die Oberseite des Kopfes, der Beine und der Füße, mit einem Grauton. Tupfe einige Male auf das feuchte Papier beim Panzer, so dass ein schöner Effekt entsteht.

3

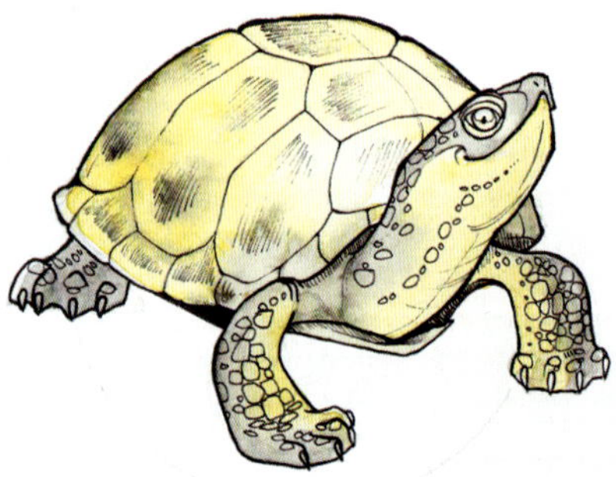

Ziehe die Konturen mit einem wasserfesten Stift nach. Arbeite mit verschiedenen Linienstärken für die Flecken auf dem Hals und den Beinen. Ergänze bereits eine zarte Linienschraffur auf den Schuppen des Panzers.

4

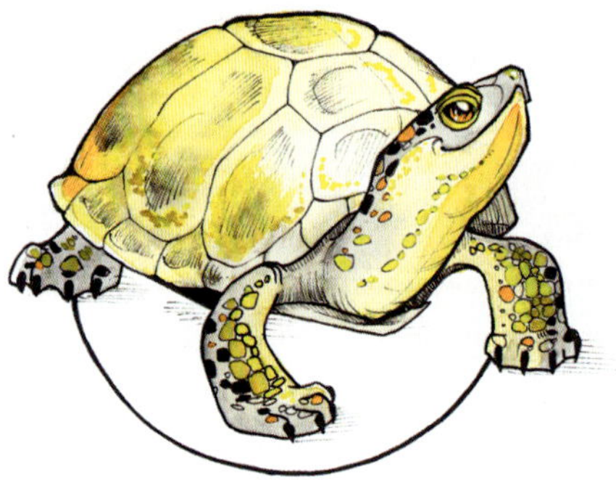

Male einige der Flecken an Kopf und Beinen schwarz aus. Die anderen kannst du in Grün oder Orange tauchen. Orangefarbene Akzente mit einem Buntstift an Kinn und Panzer wiederholen die Farbe der Flecken. Runde das Motiv mit einer verzierenden Form ab.

Vorlage

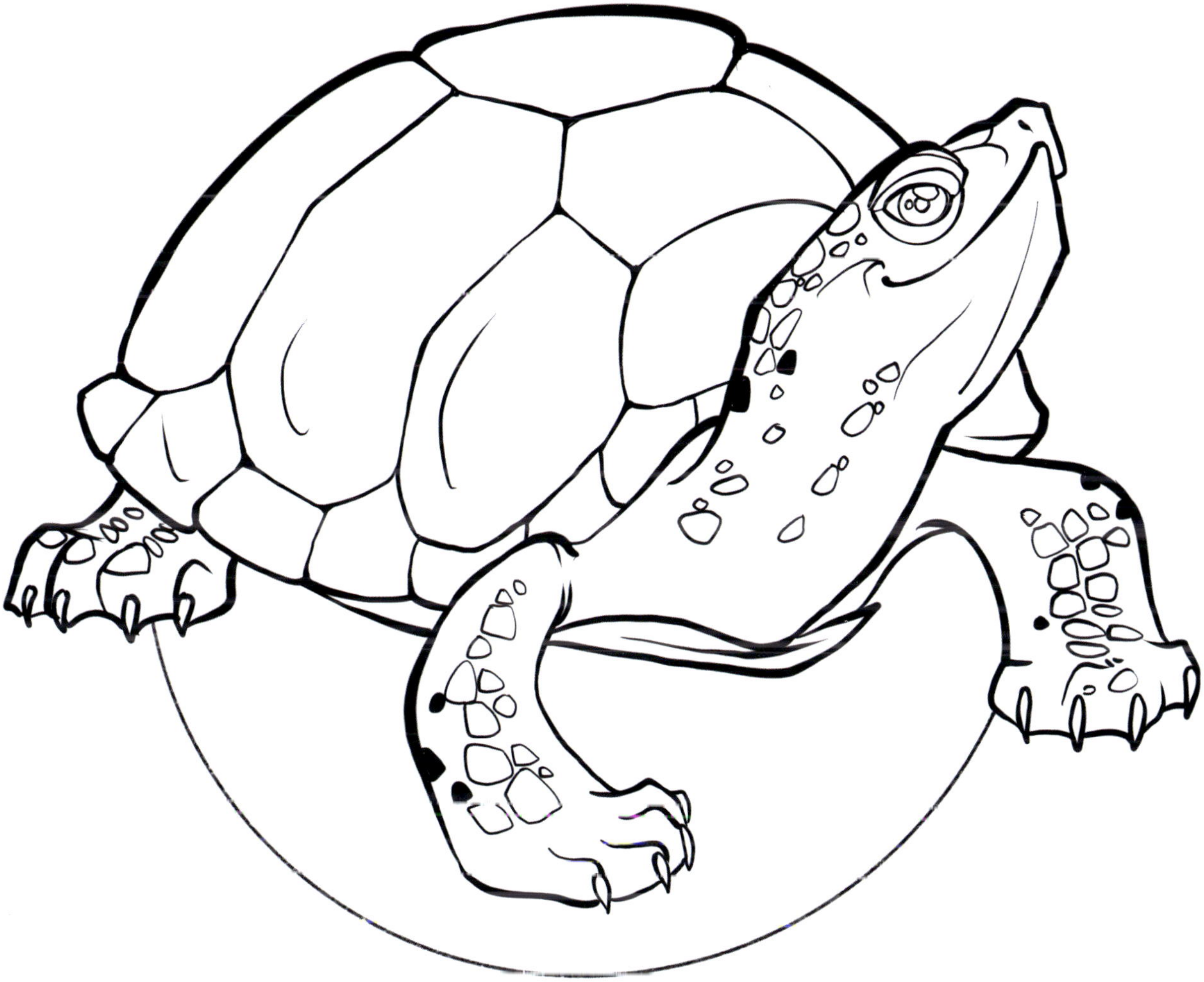

Waschbär

Waschbären sehen für mich mit ihrer maskenhaften Fellzeichnung im Gesicht immer ein bisschen so aus, als hätte man sie mit den Pfoten in der Keksdose erwischt. Bei mir dürften sich die süßen Wesen gern daran bedienen.

MATERIAL

Aquarellfarben

- Kadmiumgelb hell
- Anthrazit
- Elfenbeinschwarz

Sonstiges

- Rundpinsel, Größe 5
- Fineliner
- Zirkel

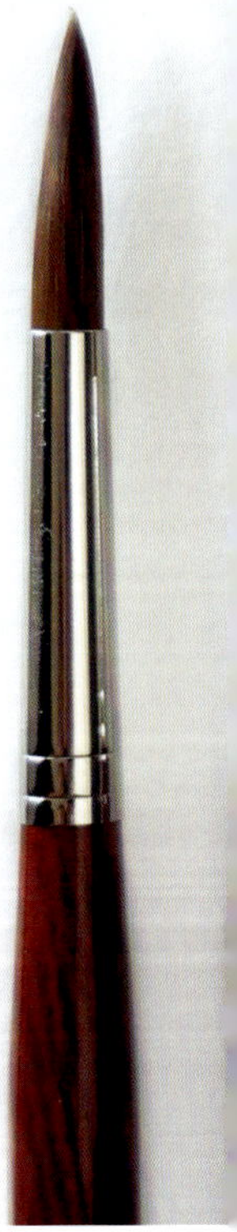

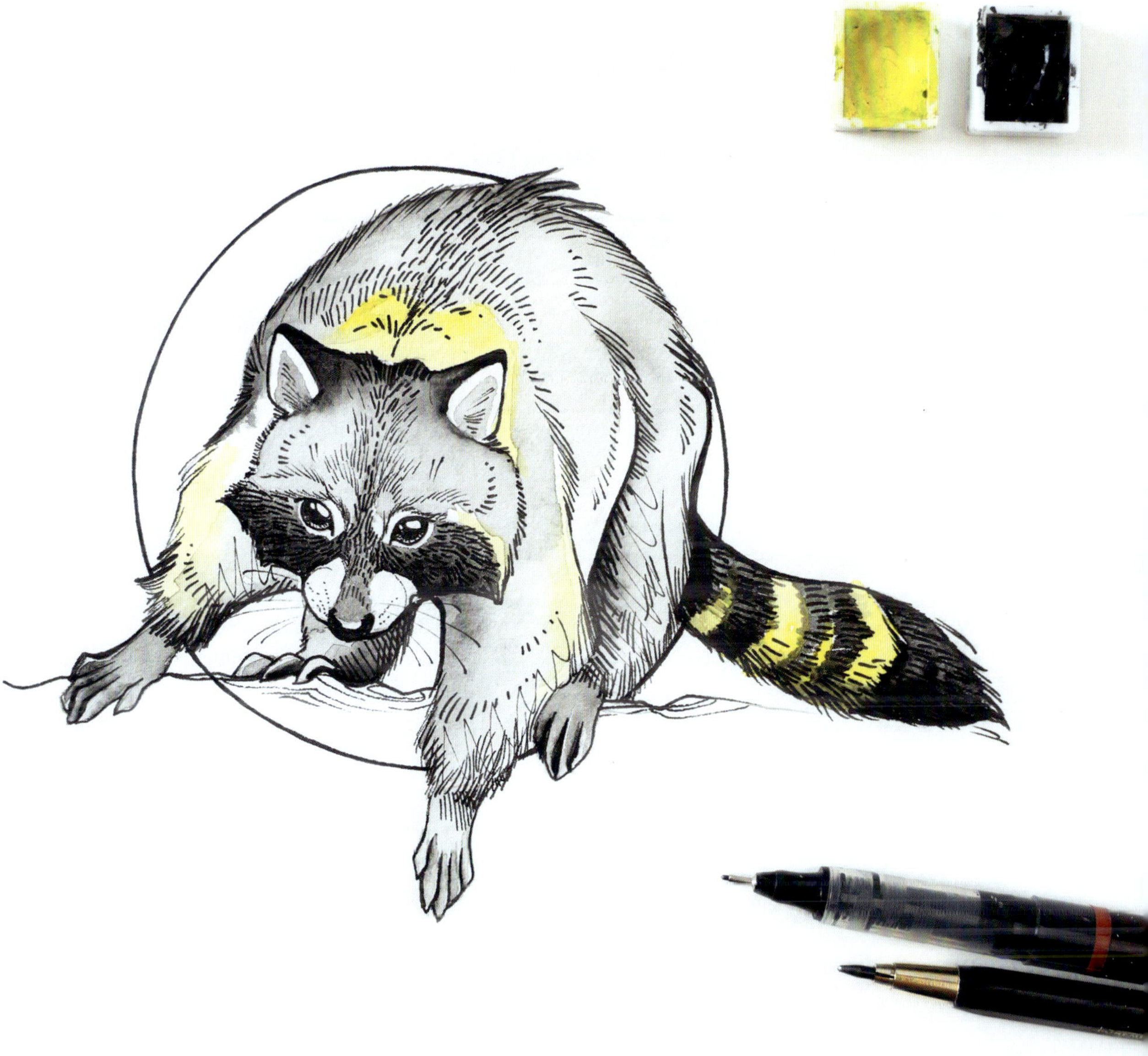

So geht's

1

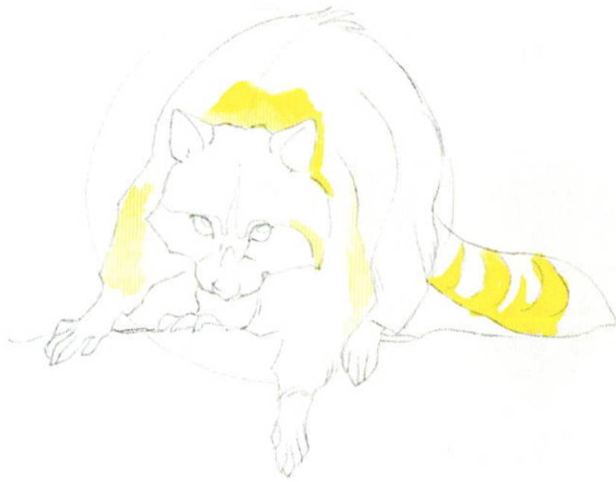

Übertrage die Vorlage dünn mit Bleistift auf dein Papier. Male gelbe Akzente in den Bereich des Nackens und des Schwanzes.

2

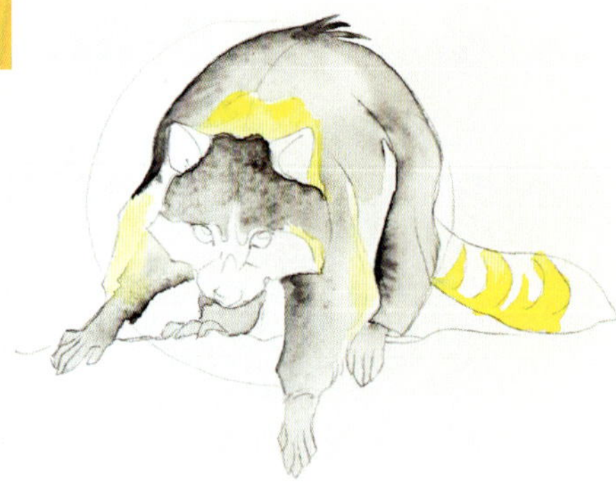

Grundiere im zweiten Schritt die grauen Flächen. Bereiche, die im Schatten liegen, sollen dunkler sein. Trage dafür Wasser auf die gewünschte Fläche auf und starte mit dem Farbauftrag entlang der gewählten Schattenkante. Lass die Farbe entlang des Wassers fließen und kreiere so einen leichten Verlauf.

3

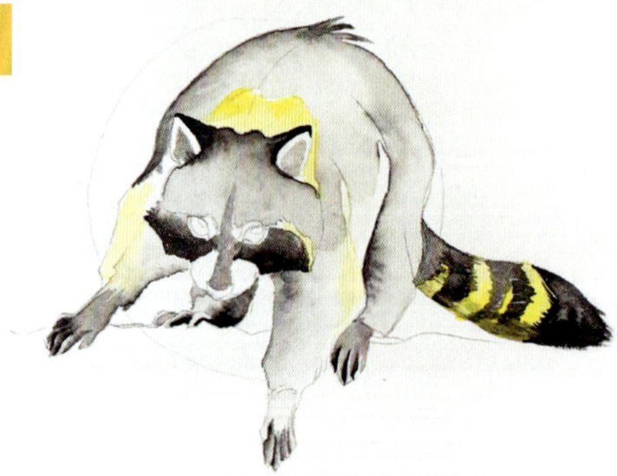

Nachdem die Grundflächen getrocknet sind, kannst du mit Schwarz für Kontrast sorgen. Arbeite dabei mit weniger Wasser, damit die Farbe schön satt aussieht. Insbesondere die typische Waschbärmaske, die Ohren und die Streifen am Schwanz sind sehr dunkel.

4

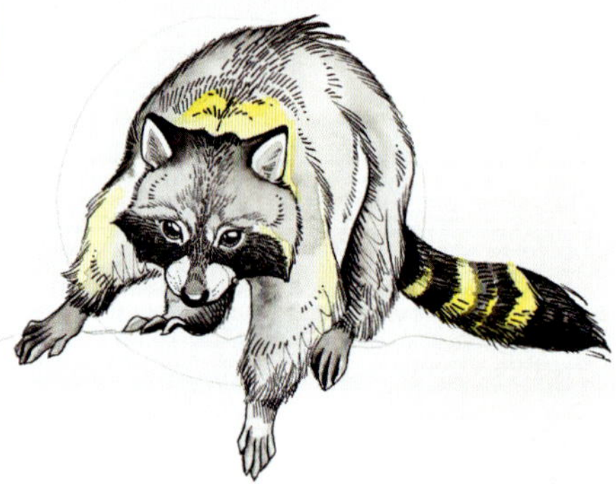

Arbeite die Konturen und die Fellstruktur mit einem feinen Stift nach. Bei diesem Motiv gibt es kaum eine geschlossene Linie als Kontur, sondern viele zarte Striche. So wirkt der Waschbär schön flauschig. Zum Schluss wird der Kreis oder eine andere Form als Verzierung nachgezeichnet.

Vorlage

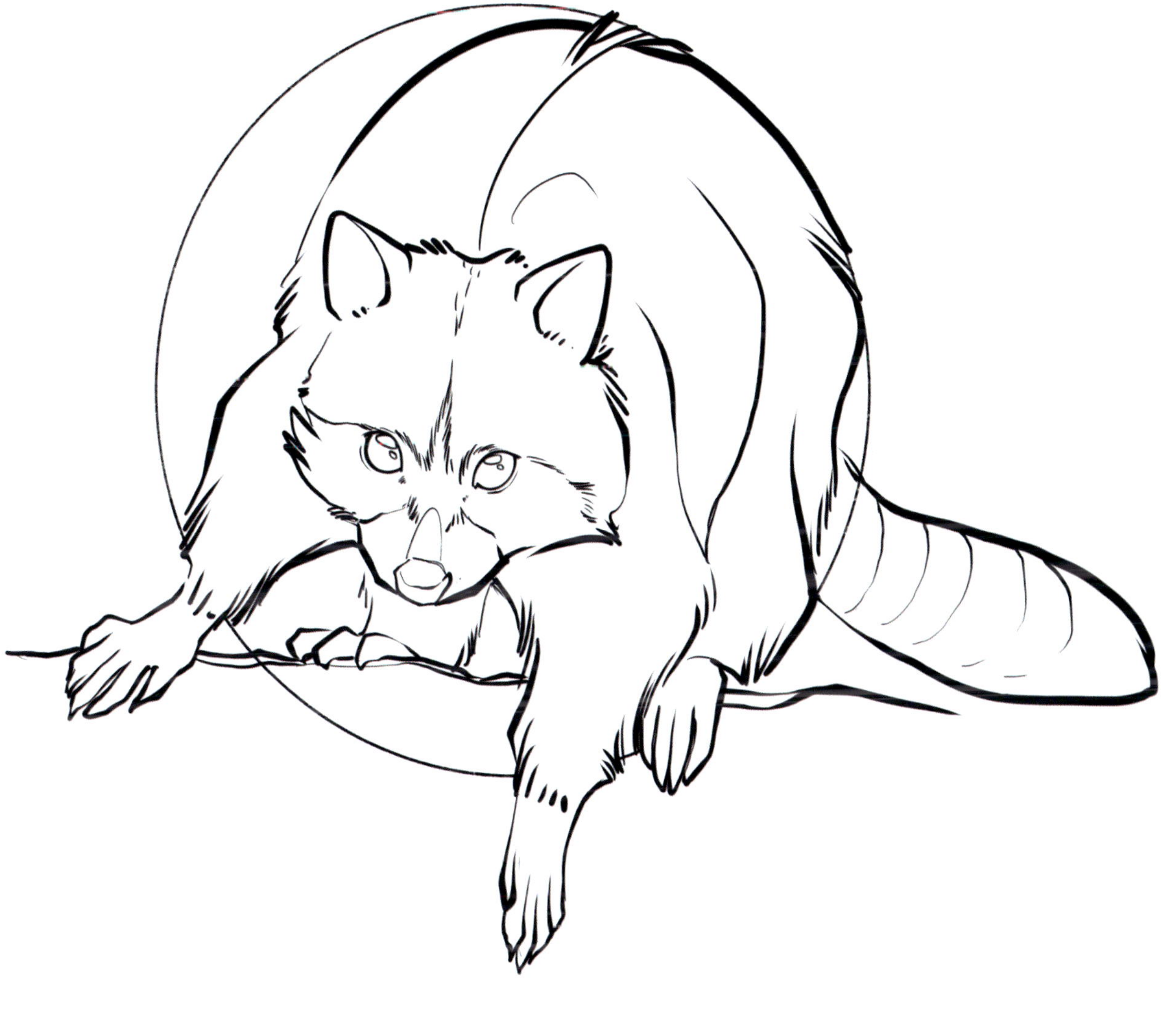

Graufuchs

Der Graufuchs, in diesem Fall der Kalifornische Insel-Graufuchs, gehört zu den in Nordamerika heimischen Fuchsarten. Er hat eine wunderschöne Fellfärbung mit grauem Rücken, rostroten Flanken und weißem Bauch. Genau diese kontrastreiche Farbkombination inspirierte mich, ihn zu malen.

MATERIAL

Aquarellfarben

- Indigoblau
- Anthrazit
- Perylengrün
- Türkisblau
- Chromorangeton
- Kadmiumorange hell

Sonstiges

- Rundpinsel, Größe 5 und 10
- Fineliner

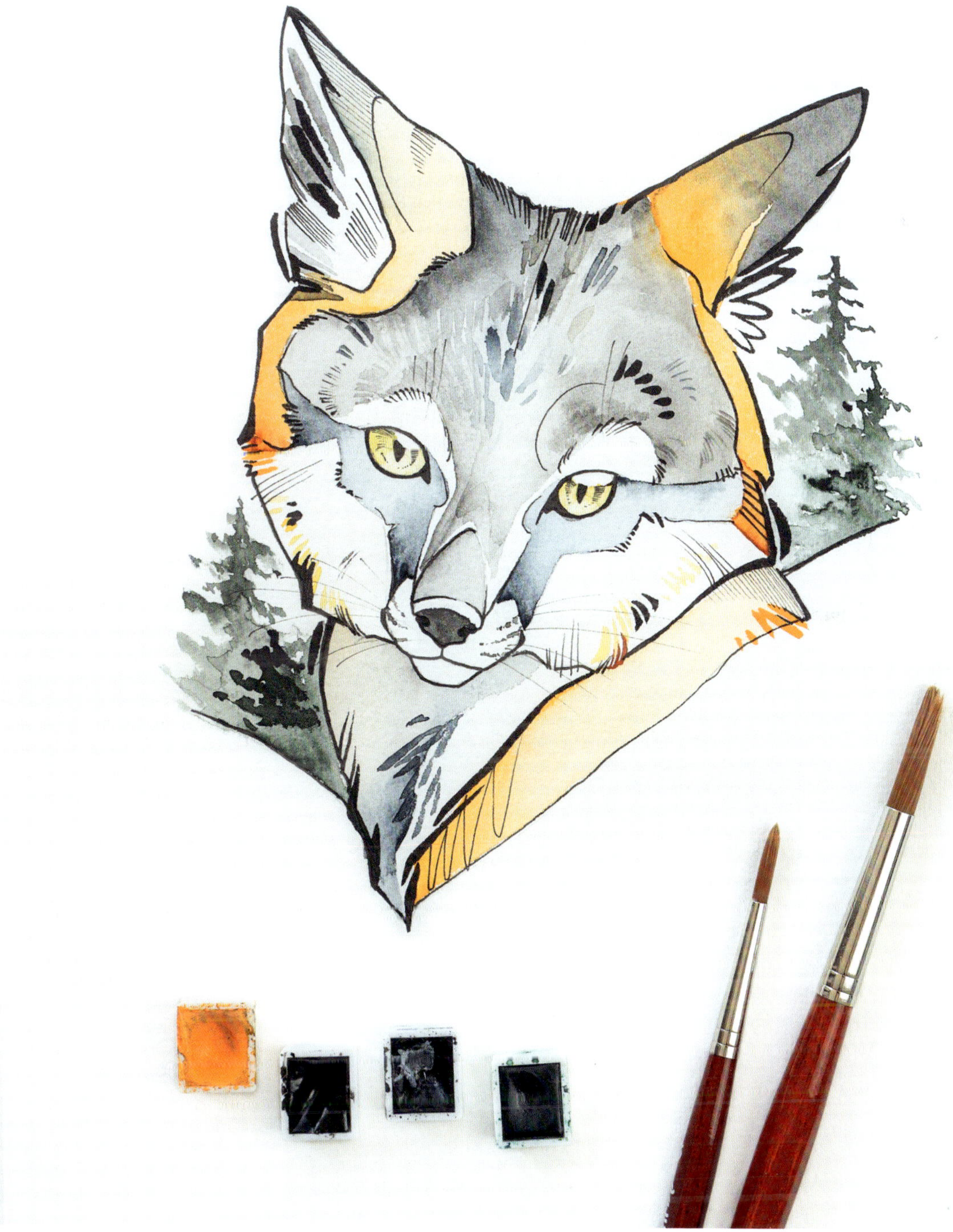

So geht's

1

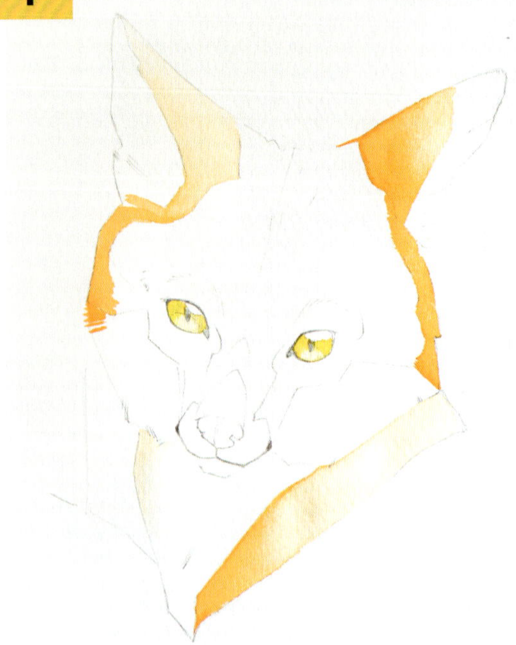

2

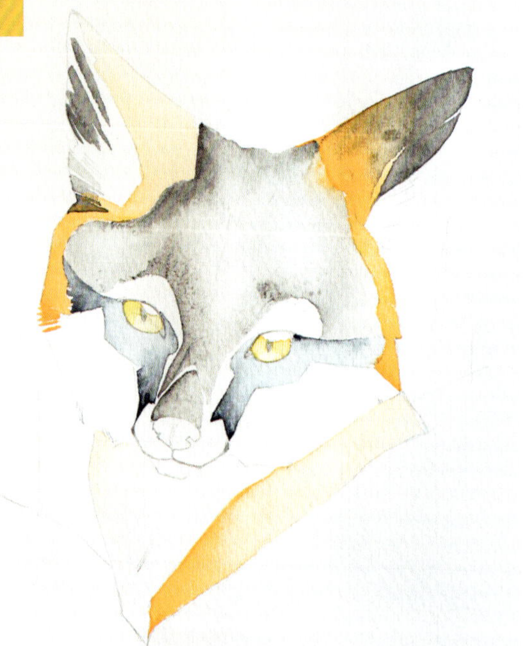

Übertrage die Vorlage dünn mit Bleistift auf dein Papier. Trage zuerst die hellen Farben auf. Ein leichter Verlauf macht die großen Flächen später spannender. Verteile dafür zuerst Wasser auf den gewünschten Bereichen und ziehe die Farbe dann von einer Ecke aus über den Rest der Fläche. Gut trocknen lassen.

Nun verwendest du die dunkleren Farben. Du musst dich nicht streng an die echte Fellfärbung des Fuchses halten, Braun oder Schwarz kannst du auch durch Blau, Dunkelgrün oder Grau ersetzen. Achte darauf, schattige Bereiche dunkler zu gestalten. So wirkt der Fuchs dreidimensionaler. Bei den groben Flächen dürfen die Farben auch gern ineinander verlaufen.

3

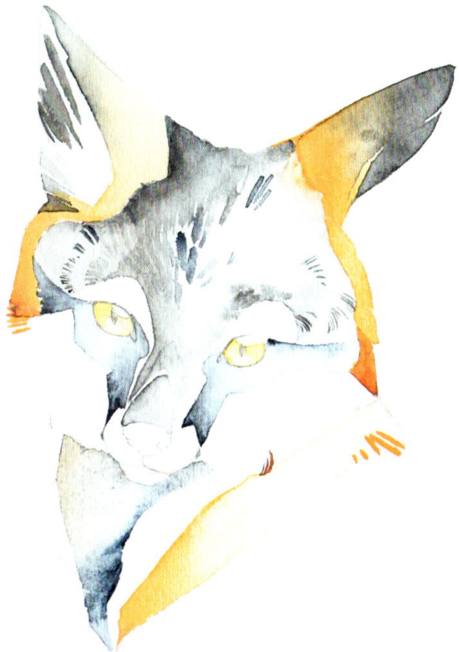

Nachdem die Grundflächen getrocknet sind, kannst du mit unterschiedlich dicken Strichen die Fellstruktur verdeutlichen. Du musst nicht jedes einzelne Haar malen, sondern setze Akzente auf der Stirn oder am Kragen. Indem du unterschiedlich starken Druck auf den Pinsel ausübst, erreichst du tropfenförmige Linien für die Fellbüschel.

4

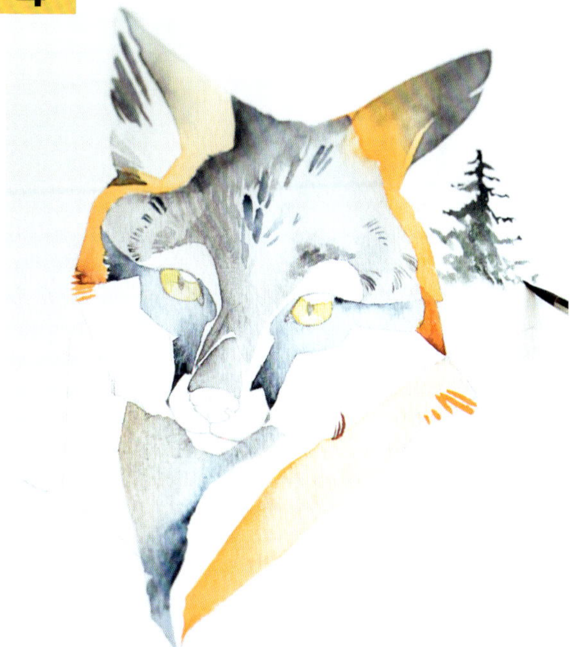

Gestalte nun den Hintergrund des Motivs. Tupfe zuerst die Baumspitze und äußeren Zweige mit wenig Wasser und lass den unteren Bereich mit viel Wasser auslaufen. Du kannst statt Bäumen auch Farne, Zweige oder Blätter in den Hintergrund setzen.

5

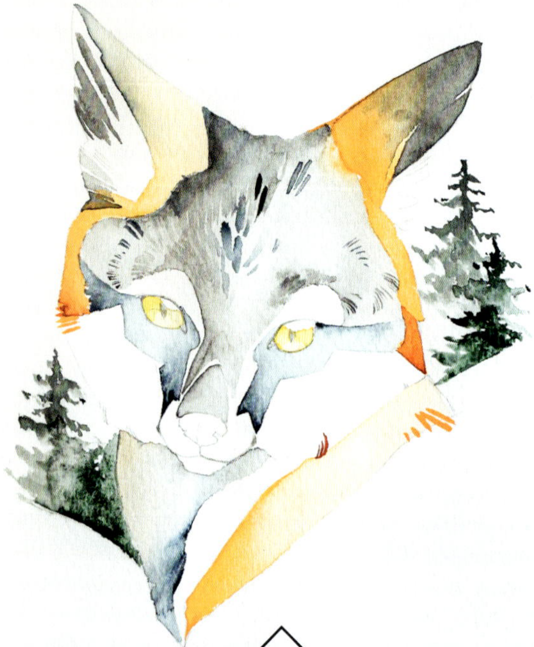

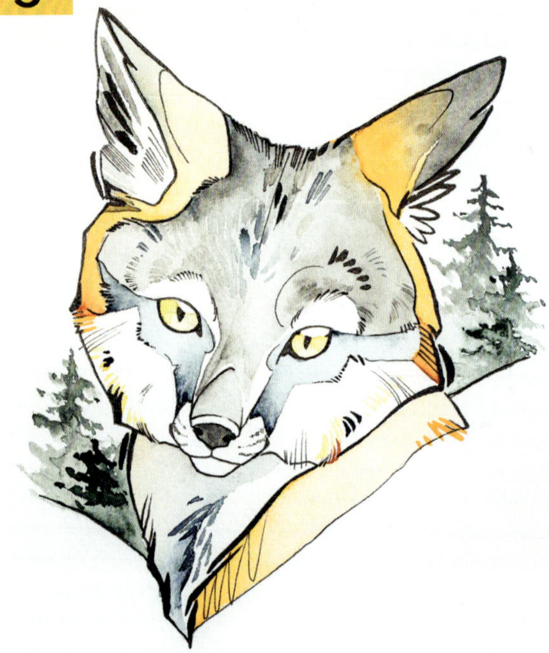

Tipp

Man kann zwischen den Steps springen, wenn man zum Beispiel mehr Akzente im Fell einfügen möchte. Hierbei ist darauf zu achten, dass die untere Farbschicht getrocknet ist und du einen wasserfesten Stift benutzt.

Die Konturen und Details des Fuchses werden mit einem Pinsel, Pinselstift oder Fineliner gezeichnet. Zeichne locker drauflos und denke daran, dass sich nicht alle Linien unbedingt treffen müssen. Offene Ecken lassen den Fuchs flauschiger wirken, schnell gezogene Striche und unterschiedliche Strichstärken bringen Dynamik ins Bild.

Vorlage

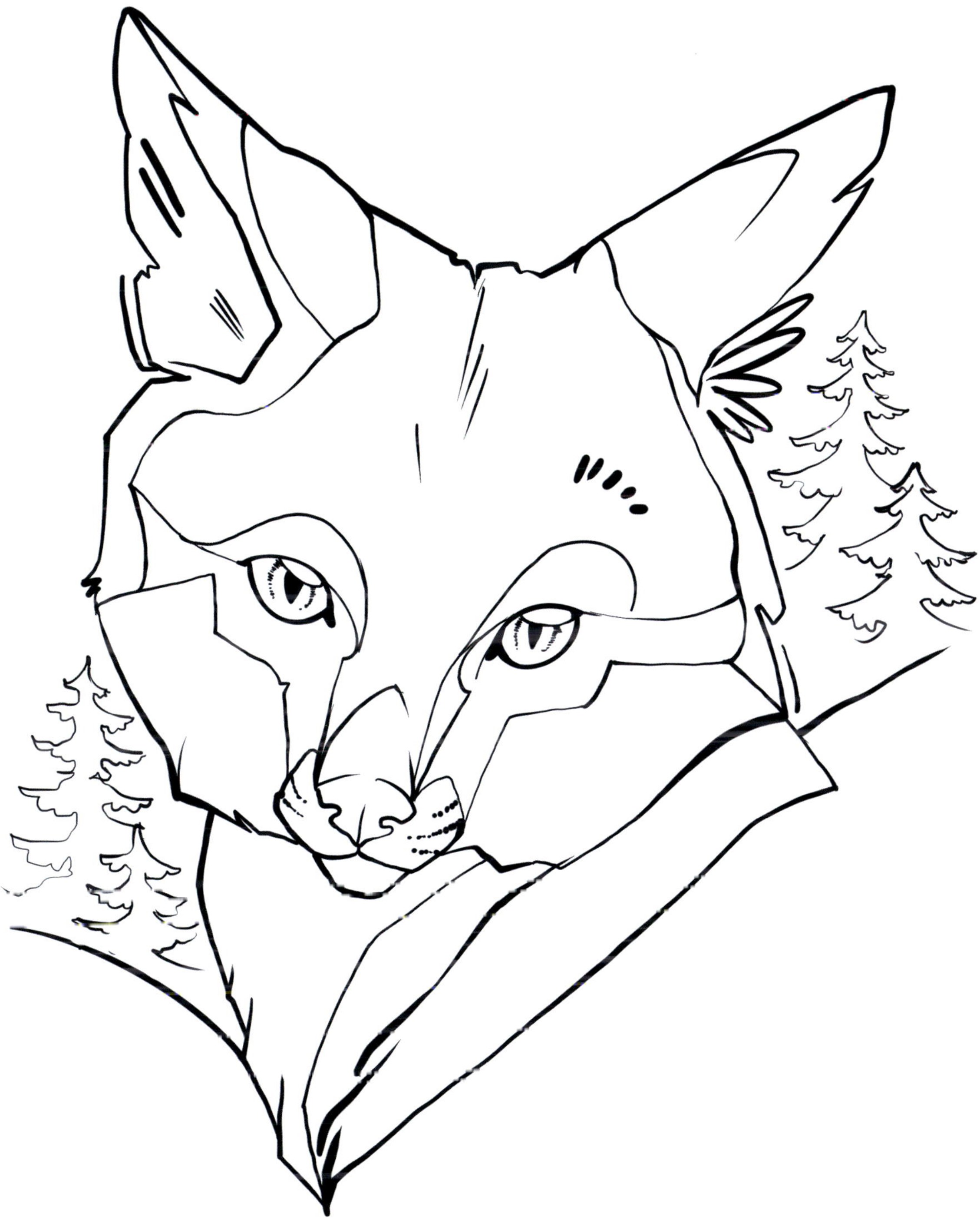

Papagei

Dieses Motiv ist von den Amazonenpapageien inspiriert, die ein wunderschönes, schillerndes Gefieder haben. Fließende Übergänge und starke Kontraste lassen sich hier gut umsetzen.

MATERIAL

Aquarellfarben

» Lasurgoldgrün
» Indigoblau
» Anthrazit
» Türkisblau
» Chinacridon Violett

Sonstiges

» Rundpinsel, Größe 1 und 10
» Fineliner
» evtl. Buntstifte
» Zirkel

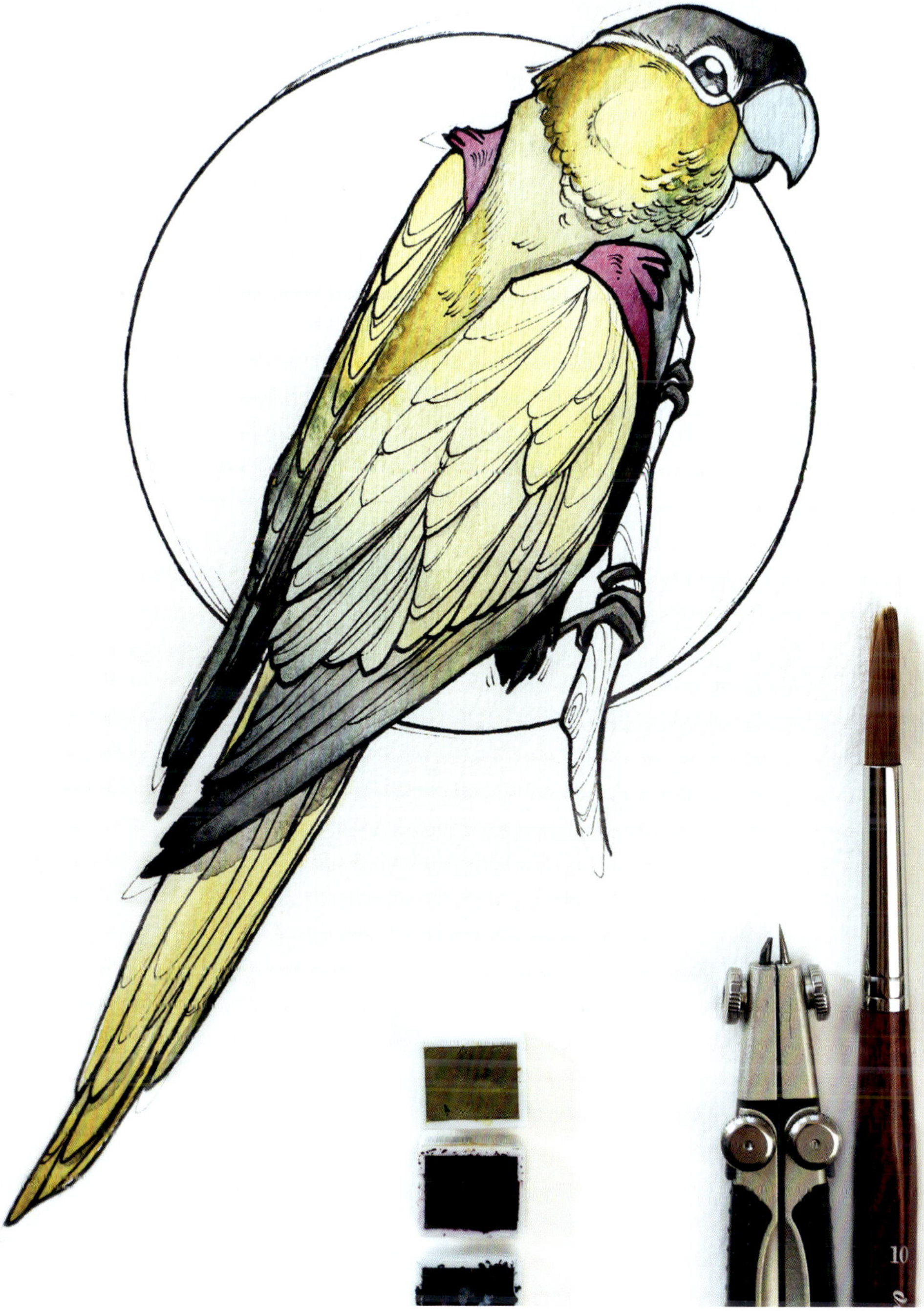

So geht's

1

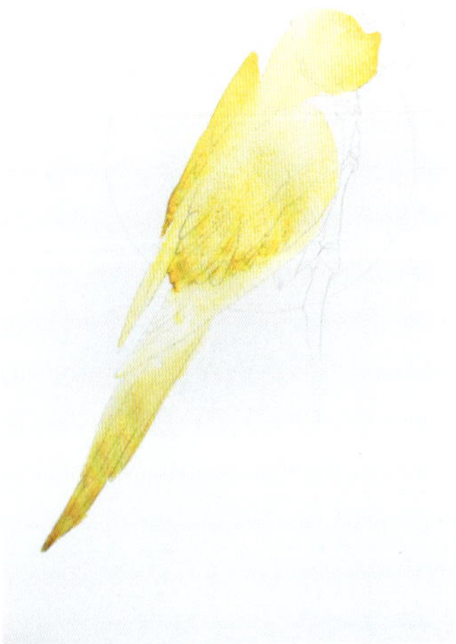

Übertrage die Umrisse des Papageis auf dein Papier. Trage die Grundfläche mit einem hellen Gelbgrün auf. Kopf, Schnabel und die Schulterfedern lässt du dabei aus.

2

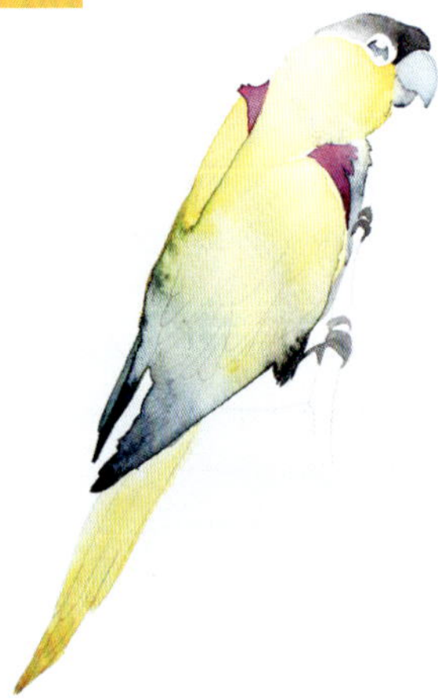

Es folgen die dunklen und kräftigen Farben. Male zügig die dunklen Flügelspitzen an, damit sich das dunkle Blau mit der noch feuchten gelben Grundfarbe vermischen kann. An den Schulterfedern habe ich ein kräftiges Violett verwendet. Der Kopf und die Füße sind grau, Schnabel und Flügel blau.

3

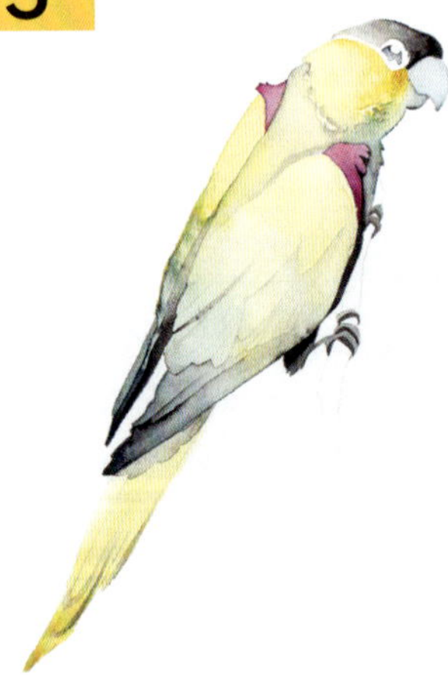

Füge nach und nach dünne Schichten Grau zu den Flügeln hinzu. Stell dir vor, wie die oberen Federn eine kleine Schattenkante auf die darunterliegenden Federn werfen. Die Federn der Flügel und die Schwanzfedern sind lang und liegen sauber übereinander. Am Hals sind es kleine wirre Federn, die aussehen wie Wellen.

4

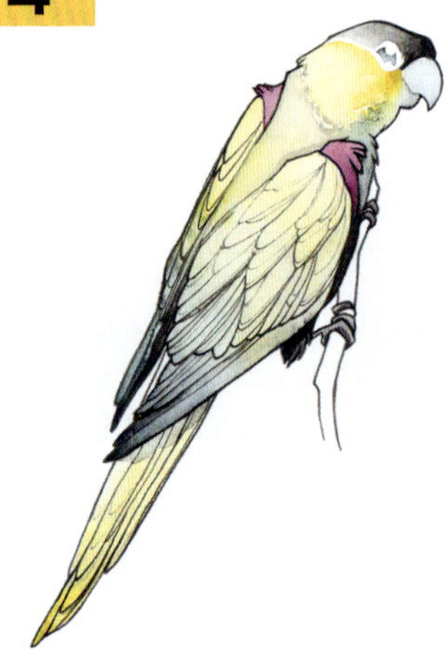

Ist die Oberfläche getrocknet, ziehst du die Hauptlinien mit einem dickeren Stift nach. Vertiefe die Details der Flügel- und Schwanzfedern mit zarten Linien.

5

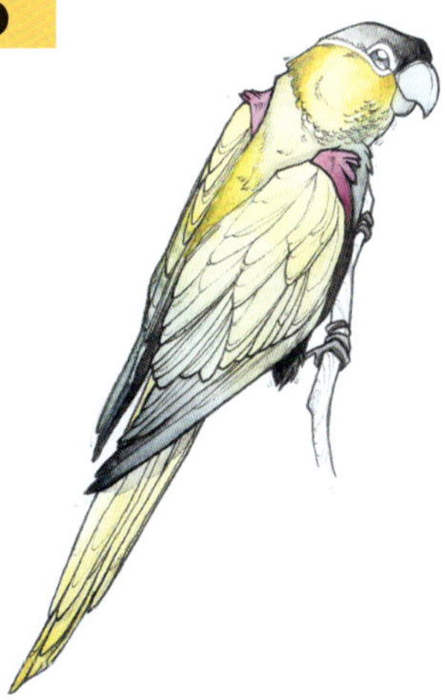

Ergänze kleine wellenförmige Schwünge an Kopf und Rücken. Auch der Ast, auf dem der Papagei sitzt, bekommt eine leichte Maserung. Bei diesem Motiv habe ich nur wenig Schraffuren benutzt, damit die leuchtenden Farben für sich wirken können. Zum Schluss ziehst du den Kreis oder eine andere geometrische Form als Verzierung nach.

Vorlage

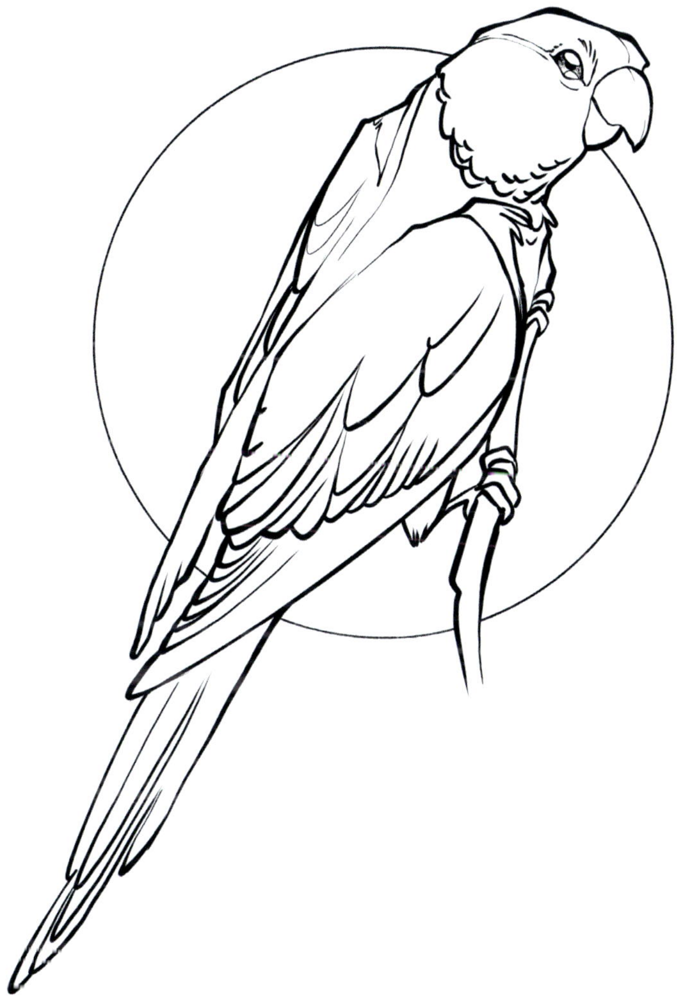

Pinguin

Bei diesem Motiv nehmen wir die Perspektive aus dem Wasser ein.
Der Pinguin steckt neugierig seinen Schnabel unter Wasser,
er hat bestimmt einen Fisch im Blick.

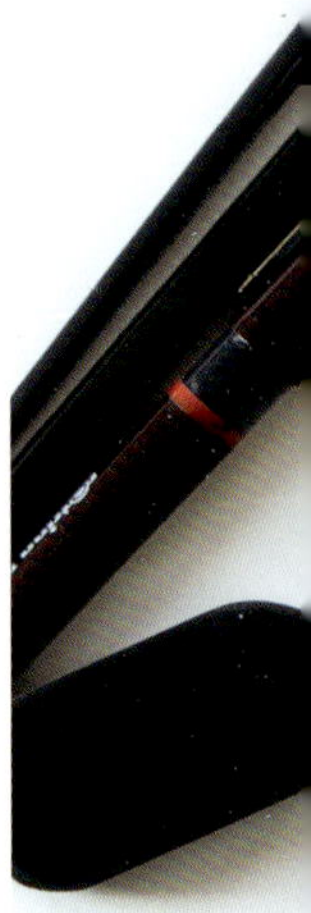

MATERIAL

Aquarellfarben

» Indigoblau
» Chinacridon Purpur
» Kadmiumorange hell
» Anthrazit
» Türkisblau

Sonstiges

» Rundpinsel Größe 1, 5 und 10
» Fineliner
» weiße Tusche, Gouache oder Acrylfarbe

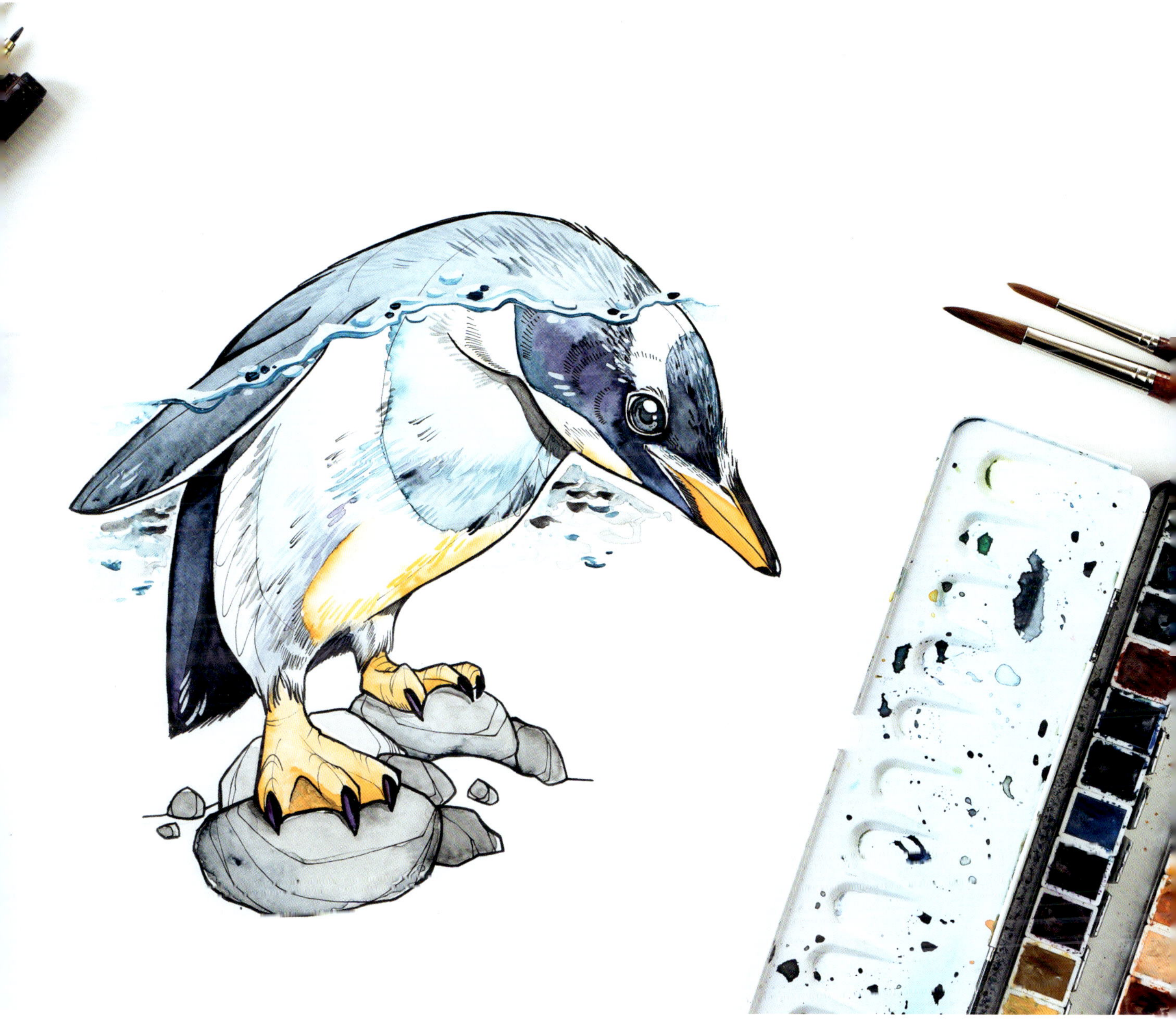

So geht's

1

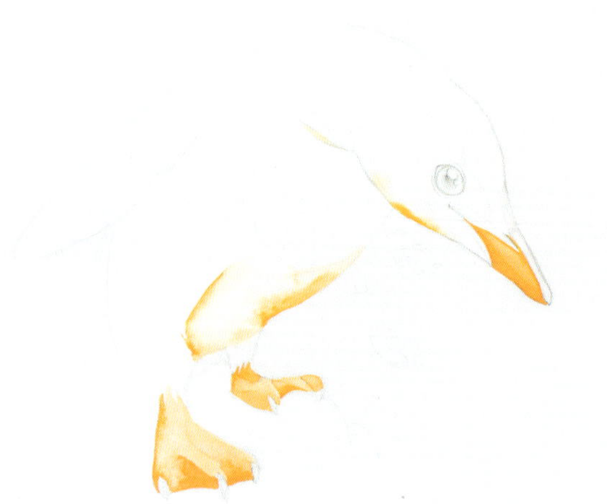

Übertrage die Vorlage leicht mit Bleistift auf dein Papier. Beginne danach mit den hellen Farben Orange und Gelb an Schnabel und Füßen. Auch am Kinn und am Bauch wird ein leichter Verlauf gesetzt, da sich das Orange der Füße im weißen Gefieder spiegelt.

2

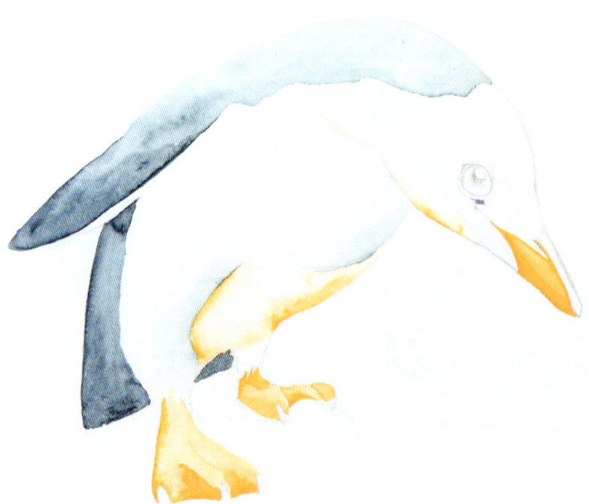

Anschließend grundieren wir die dunklen Partien des Pinguins in einem satten Dunkelblau. Kopf und Bauch werden nur blass gefärbt. Male auch den oberen Rücken nicht zu dunkel, da dieser oberhalb der angedeuteten Wasseroberfläche liegt.

3

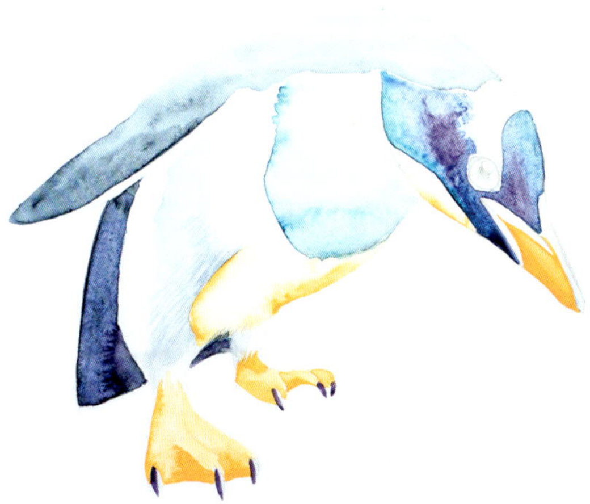

Mit dem nächsten Farbauftrag arbeiten wir mit der Nass-in-Nass-Technik. Befeuchte die Flächen an Kopf, Brust und Schwanz des Pinguins und tupfe verschiedene Blau- und Violetttöne auf. Lass die Farben schön ineinander verlaufen. Möglicherweise sind mehrere Farbaufträge nötig, bis dir das Ergebnis gefällt.

4

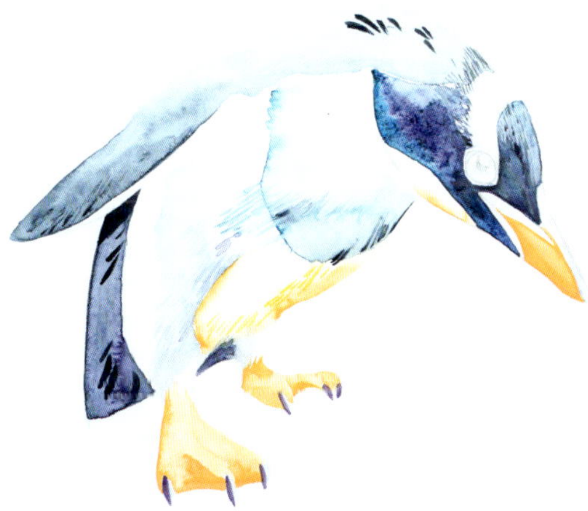

Nachdem die Grundfarben getrocknet sind, wird das dichte Federkleid des Pinguins in Form von schmalen Strichen angedeutet. Ähnlich wie beim Fell des Languren (S. 124) nutze ich abwechselnd Blau und Violett für ein schönes Farbspiel. Die Federn können ruhig wild gesetzt werden. Achte trotzdem darauf, Bereiche mit ruhigen Farbflächen zu belassen, damit das Motiv ausgewogen bleibt.

5

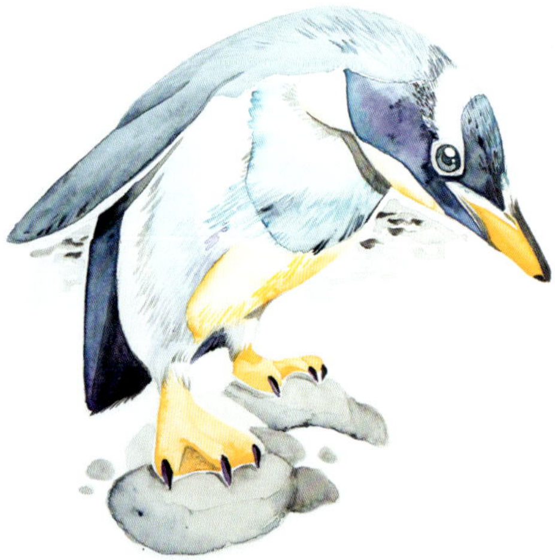

Die Steine, auf denen der Pinguin steht, treten in Graublau farblich in den Hintergrund. Verziere sie mit kleinen Farbsprenkeln. Die Untersicht der Wasseroberfläche deuten wir lediglich durch einige graue Kleckse an. Verstärke den Kontrast der dunklen Flächen an Kopf, Schnabel und Krallen, indem du eine weitere Farbschicht Dunkelblau aufträgst.

6

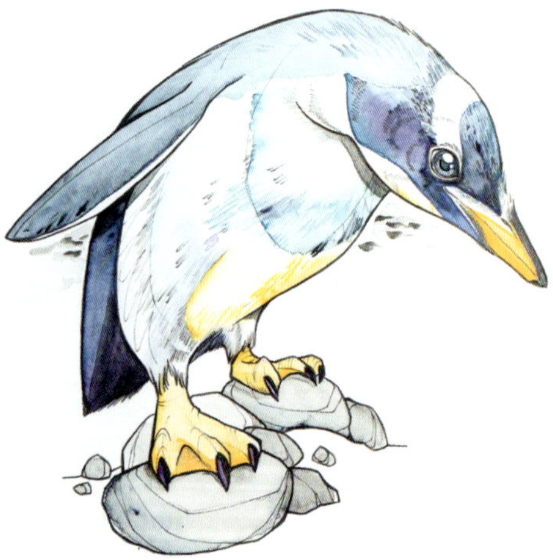

Ziehe die Konturen nach, ergänze Bewegungslinien und einige Krakel.

7

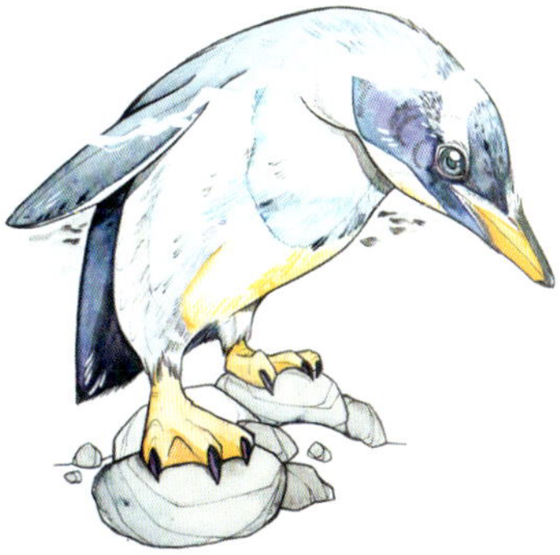

Im letzten Schritt kommt weiße Tusche, Gouache oder Acrylfarbe zum Einsatz. Male eine lockere, gekleckste weiße Linie entlang der gedachten Wasserkante. Einige weiße Blasen liegen daneben. Wenn die Farbe trocken ist, male die Linie an einer Seite mit Türkis nach, um sie deutlicher zu machen. Verziere die Unterseite der Wasseroberfläche mit farbigen Akzenten und füge weiße Federn an Kopf und Schwanz hinzu.

Vorlage

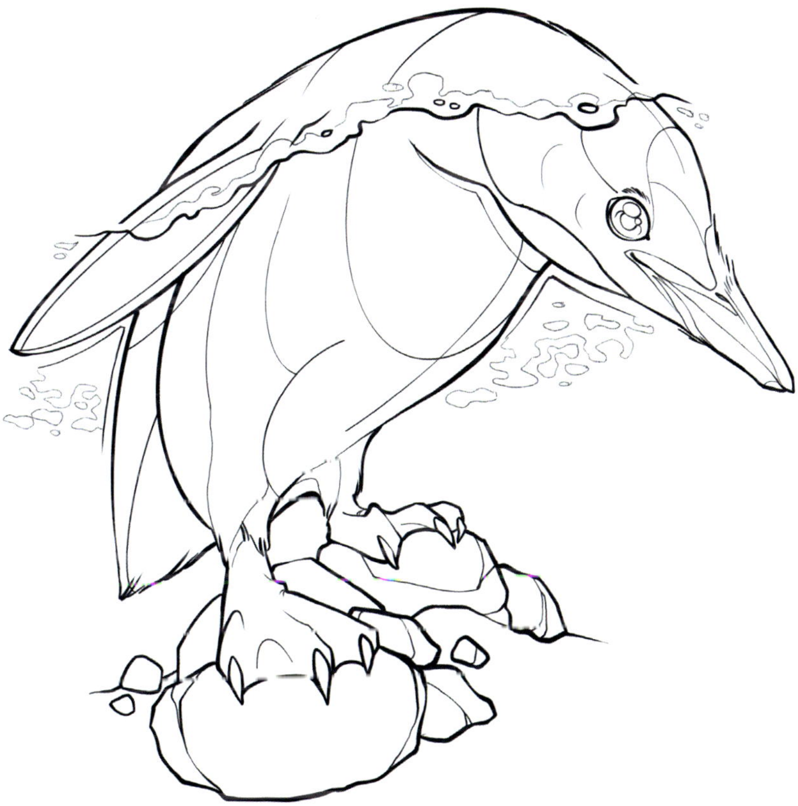

Leopard

Leoparden strahlen eine ganz eigene Stärke aus. Mit wenigen Verläufen, vielen losen Tupfern und der einfach gehaltenen Verzierung erreichst du bei diesem Motiv schnell ein kraftvolles Ergebnis.

MATERIAL

Aquarellfarben

» Lichter Ocker natur
» Indigoblau
» Anthrazit
» Türkisblau

Sonstiges

» Rundpinsel, Größe 1 und 10
» Fineliner
» weißer Lackstift

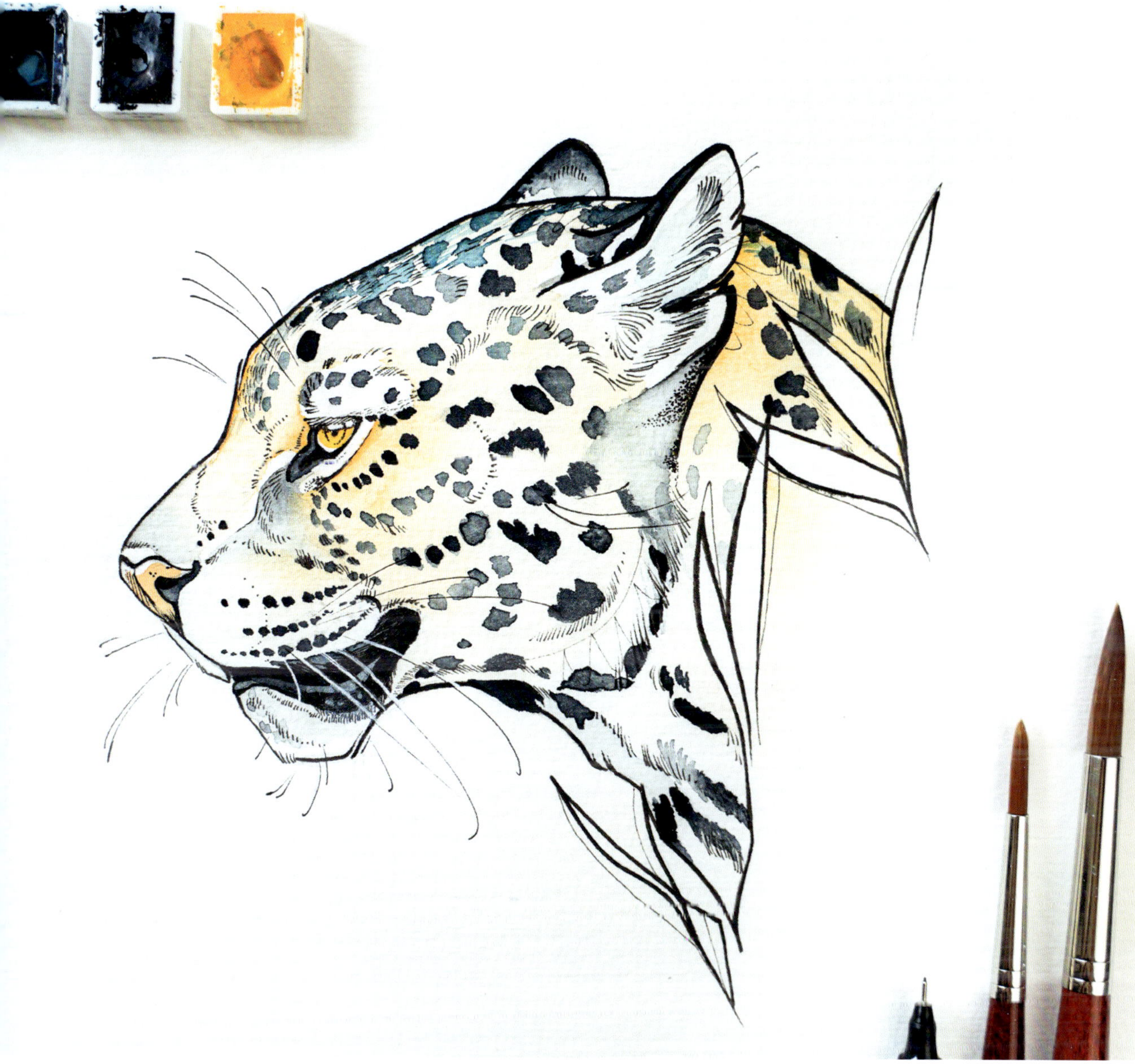

So geht's

1

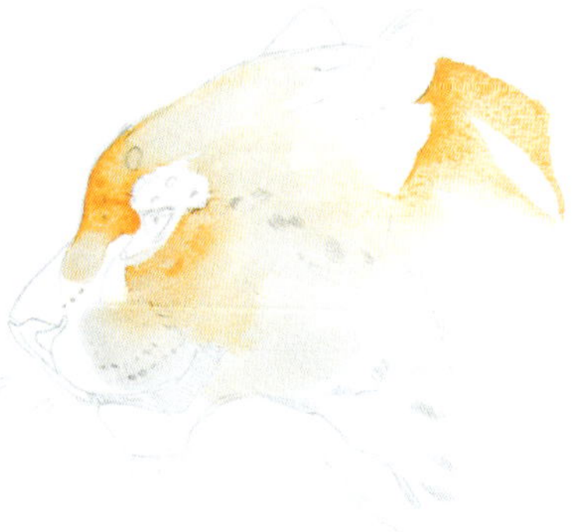

Übertrage die Vorlage dünn mit Bleistift auf dein Papier. Grundiere den Leopardenkopf in einem Ockerton. Am dunkelsten sollen die Stellen um die Augen und am Hals sein. Arbeite mit viel Wasser und lass die Farbe zu den Rändern fließen.

2

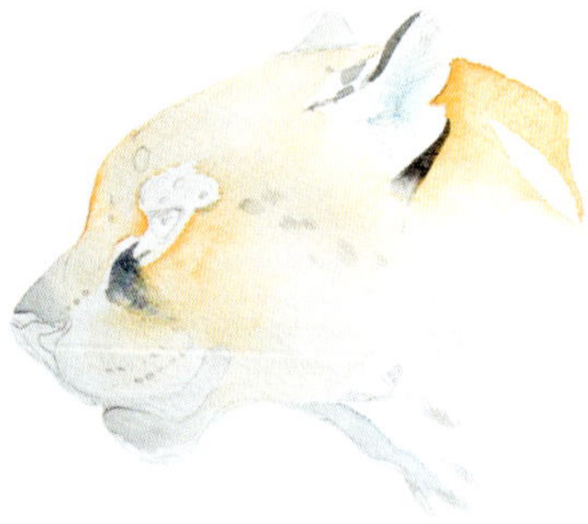

Arbeite nun die Schatten in einer Mischung aus Blau und Grau heraus. Achte im Gesicht darauf, dass ein sanfter Verlauf entsteht.

3

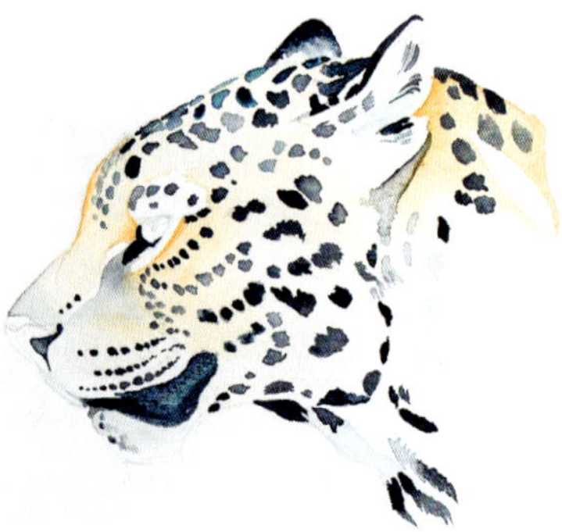

Nach und nach werden nun die typischen Flecken aufgemalt. Nimm ein dunkles Blau und wenig Wasser, damit die Tupfen schön dunkel werden. Deute die Fellstruktur leicht durch dünne Pinselstriche an. Die Ränder der Ohren und das Maul sind ebenfalls sehr dunkel.

4

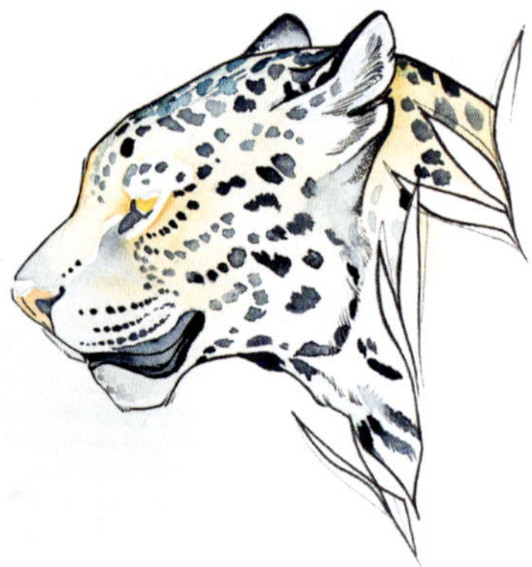

Ziehe nun die Konturen nach und male das Auge und die Nase in einem leuchtenden Orange.

5

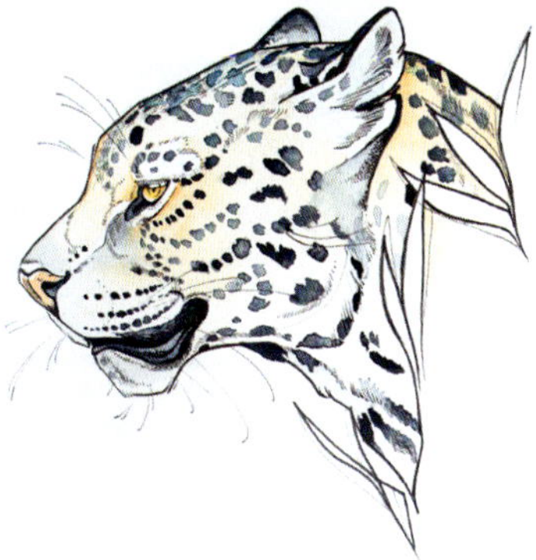

Zeichne anschließend feine Details. Der Leopard hat viele Sinneshaare, die ihm dabei helfen, sich im Dunklen zu orientieren. Diese kannst du mit einem weißen Lackstift nacharbeiten. Kleine Punkte und Striche, die der Form des Kopfes folgen, lassen das Motiv plastischer wirken.

Vorlage

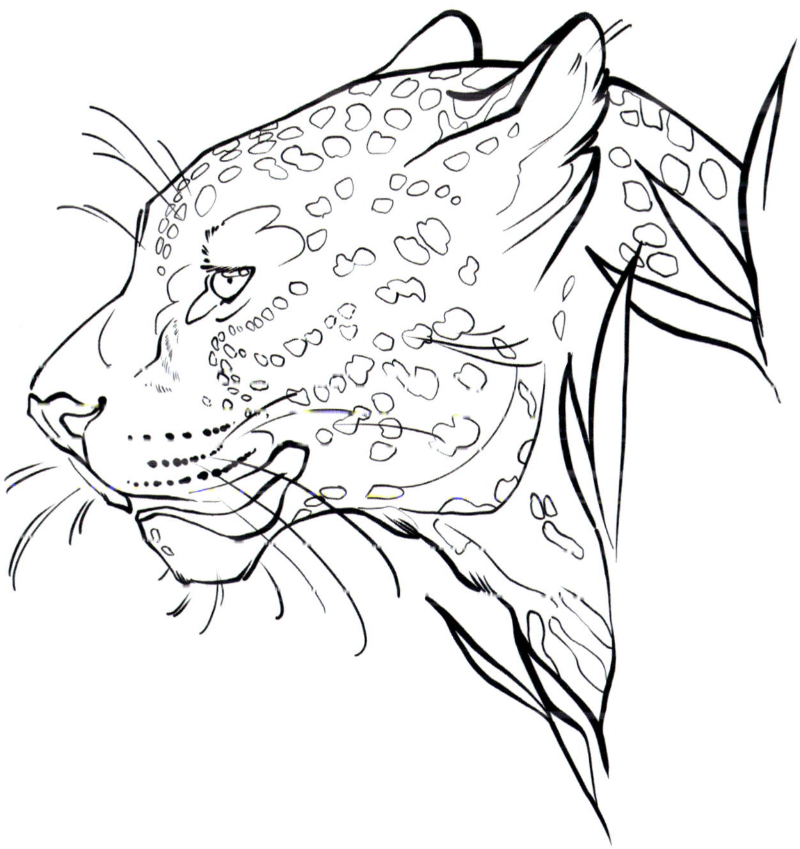

Seepferdchen

Die Unterwasserwelt hat so einige wundersame Wesen zu bieten. Auch ihre Farbigkeit kennt keine Grenzen, also tob dich bei diesem Motiv aus, gern mit Farben deiner Wahl.

MATERIAL

Aquarellfarben

» Anthrazit
» Indigo
» Türkisblau
» Chinacridon Violett
» Brillant Opernrosa
» Kadmiumorange hell
» Chromgelbton dunkel

Sonstiges

» Rundpinsel, Größe 1 und 5
» Fineliner
» weiße Tusche, Gouache oder Acrylfarbe

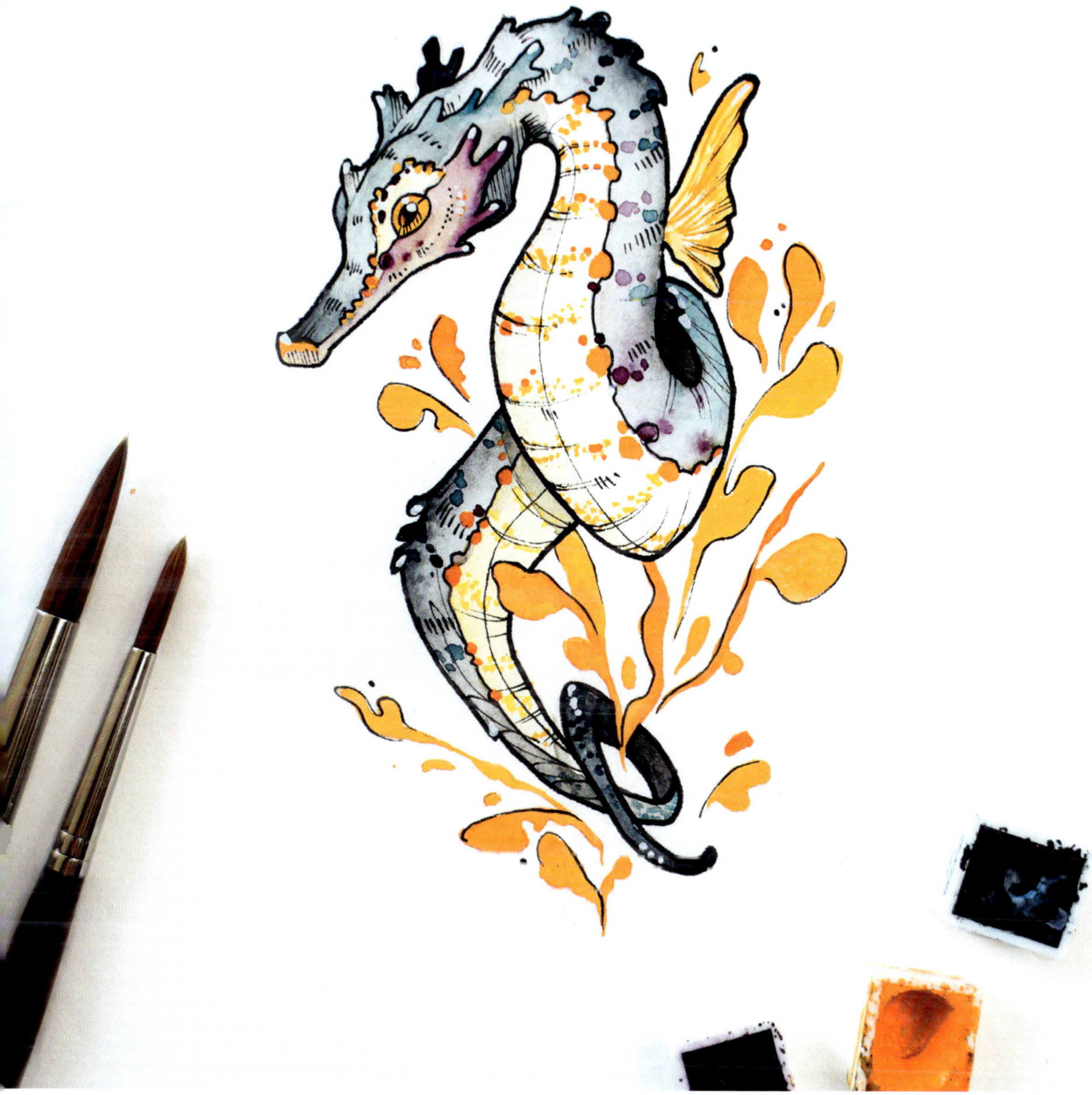

So geht's

1

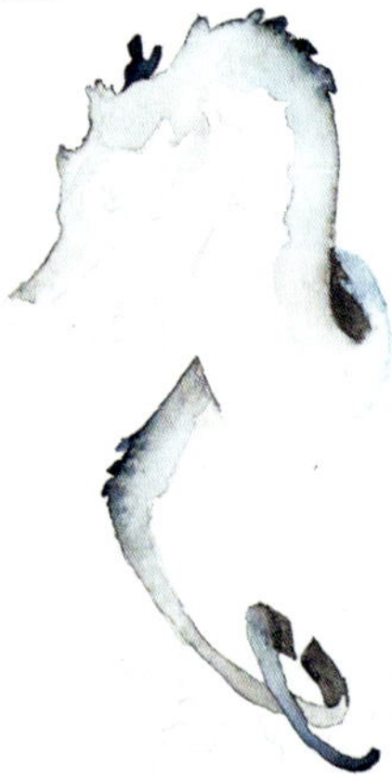

Übertrage die Vorlage leicht mit Bleistift auf dein Papier. Anders als sonst, grundiere ich hier die dunklen Flächen zuerst. Arbeite vom Rand aus zur Mitte hin, damit ein schöner Verlauf entsteht.

2

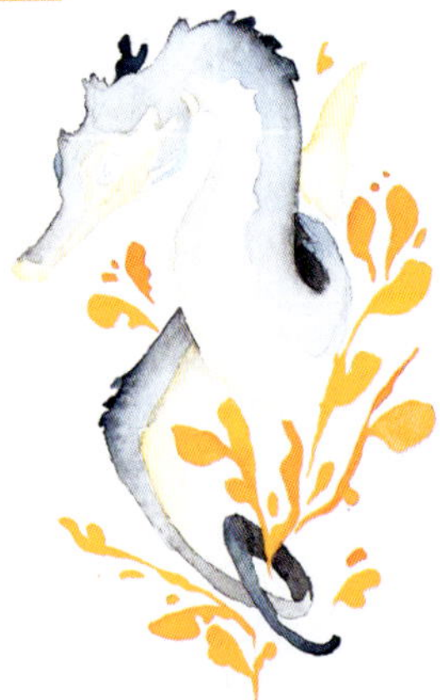

Male die Blätter des Seetangs in einer leuchtenden Farbe. Variiere am besten zwischen zwei verschiedenen Orangetönen. Flossen, Gesicht und Bauch werden gelb.

3

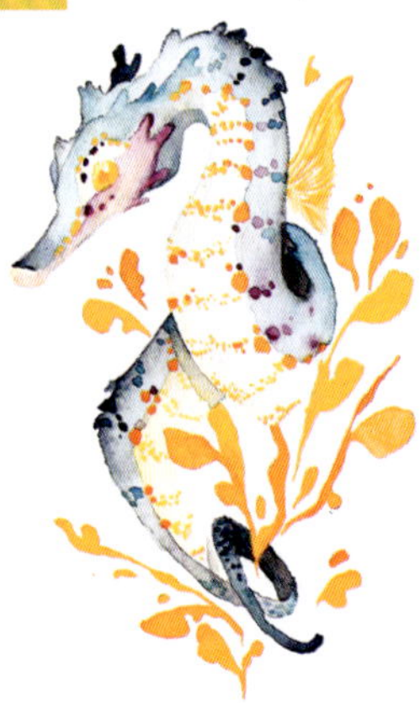

Ergänze nun viele Punkte in verschiedenen Farben. Achte auf die Gliederung des Seepferdchenkörpers und bilde gebogene Streifen mit den Punkten aus. So wirkt das Seepferdchen plastischer.

4

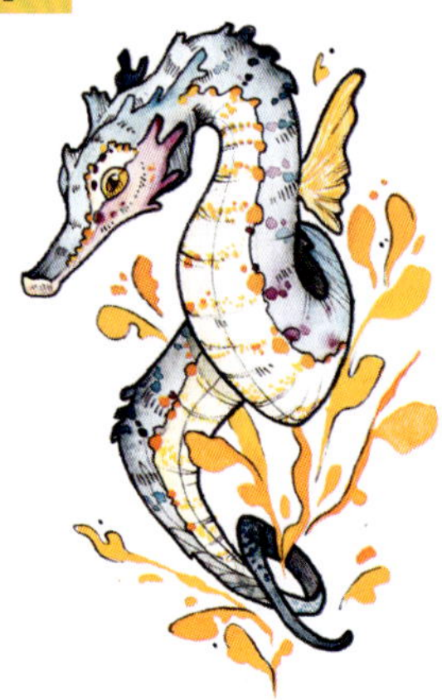

Zeichne die Konturen nach. Die Blätter des Seetangs umrande ich hierbei nicht komplett. Wenn du möchtest, kannst du auch eine andere Korallenart zeichnen oder eine geometrische Form als Verzierung hinzufügen. Ergänze kleine Schraffuren und formunterstützende Linien.

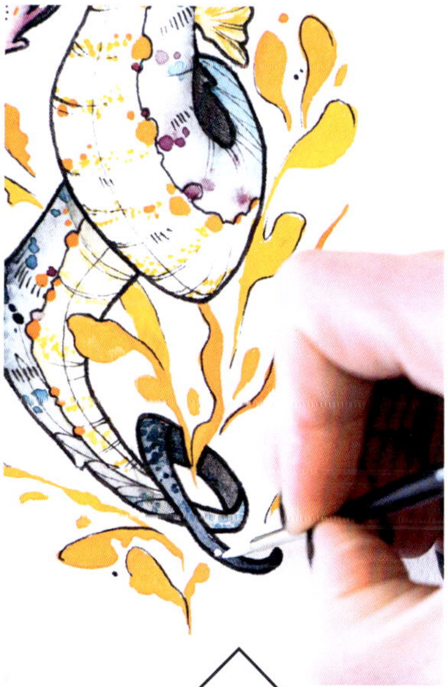

Tipp

Kleine weiße Lichtpunkte an den äußeren Kanten machen dein Bild noch spannender.

Vorlage

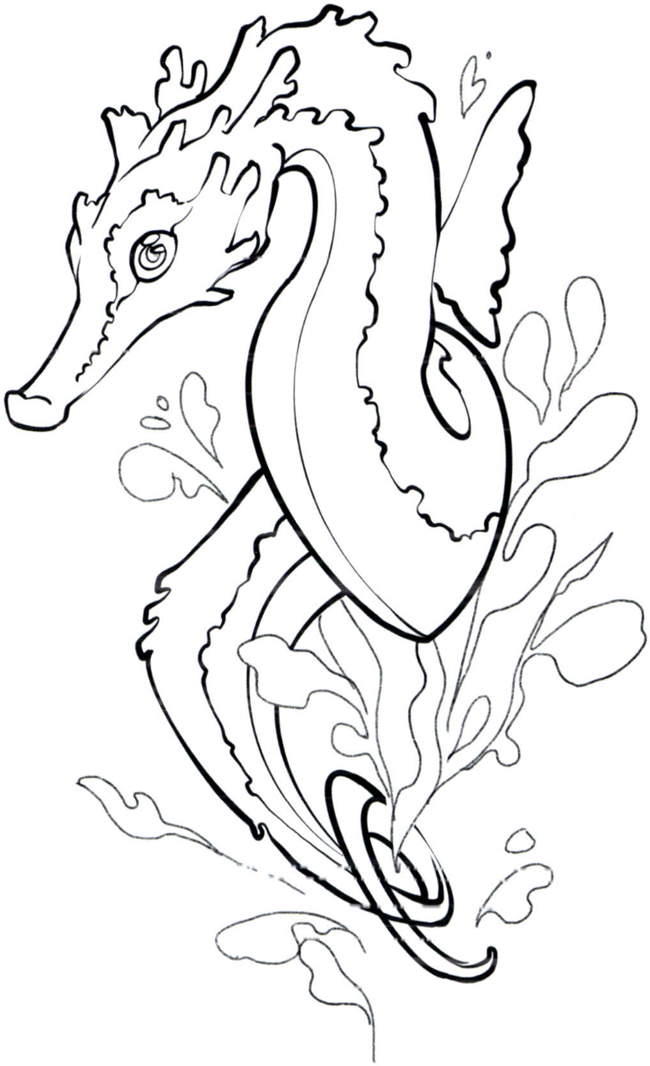

Kometenfalter

Der Kometenfalter kommt in Madagaskar vor und zählt zu den größten Faltern weltweit. Im Englischen wird er „Madagascan moon moth" genannt, was mich auf die Idee für die Mondsichel im Hintergrund brachte.

MATERIAL

Aquarellfarben

- Kadmiumgelb zitron
- Chromgelbton dunkel
- Chinacridon Violett
- Indigoblau
- Elfenbeinschwarz
- Lasurgoldgrün

Sonstiges

- Rundpinsel, Größe 1, 5 und 10
- Fineliner
- Zirkel

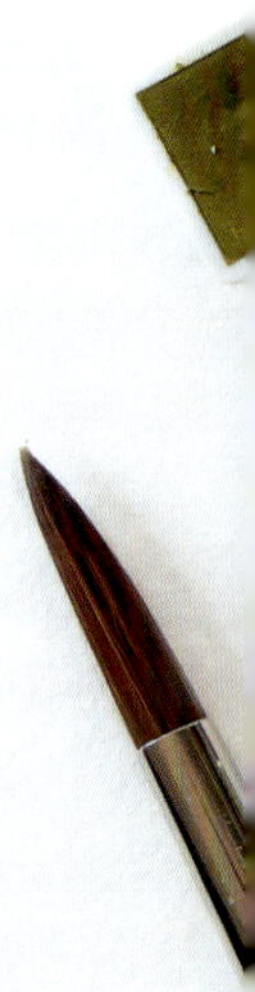

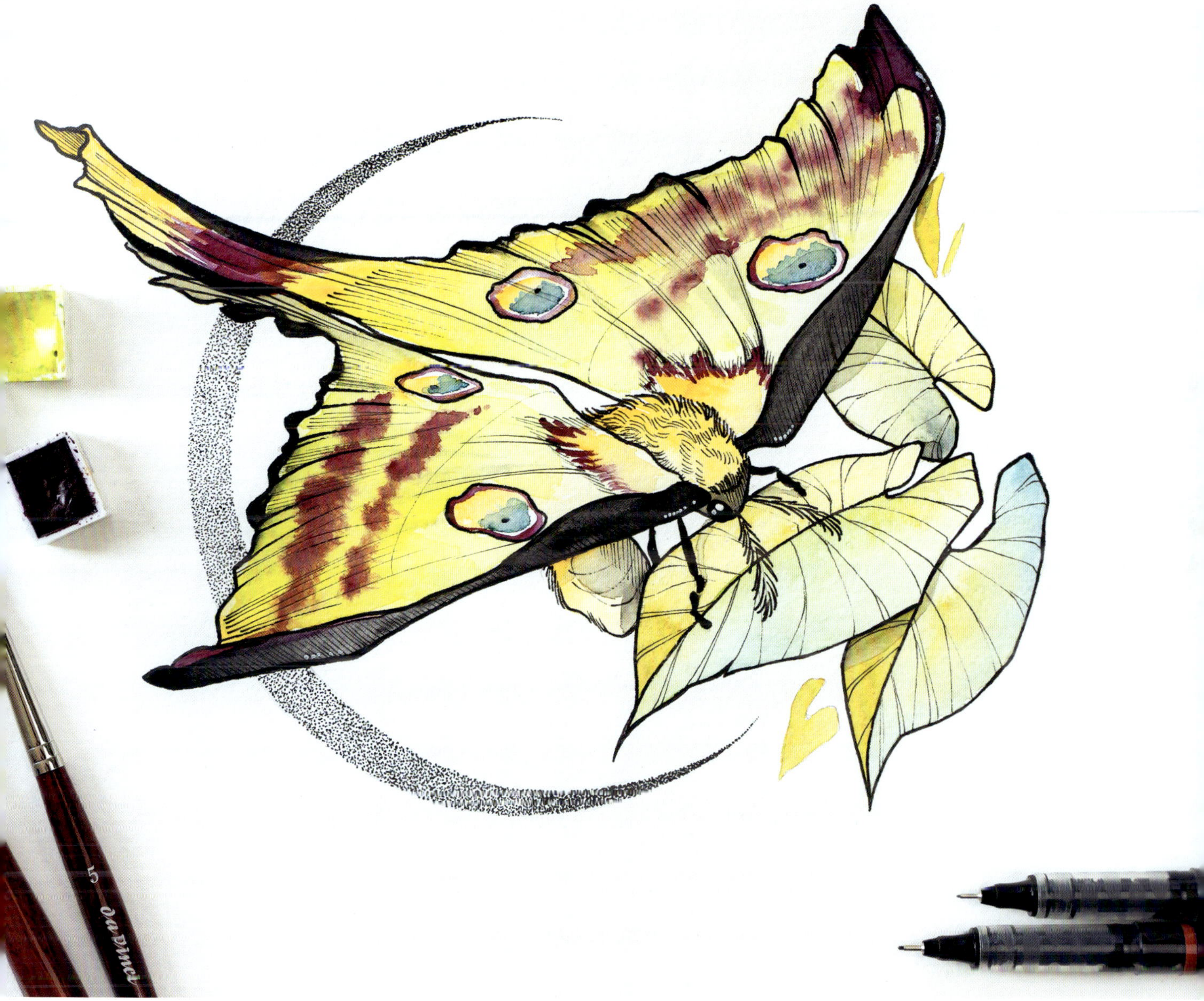

So geht's

1

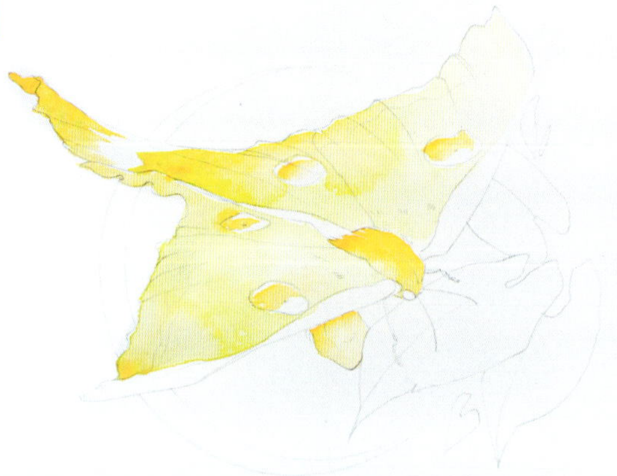

Zeichne dir mit Bleistift leicht die Umrisse vor. Grundiere die Flügel und den Körper der Motte in einem hellen Gelb. Spare die vorderen Kanten und die Ränder um die „Augen" auf den Flügeln aus.

2

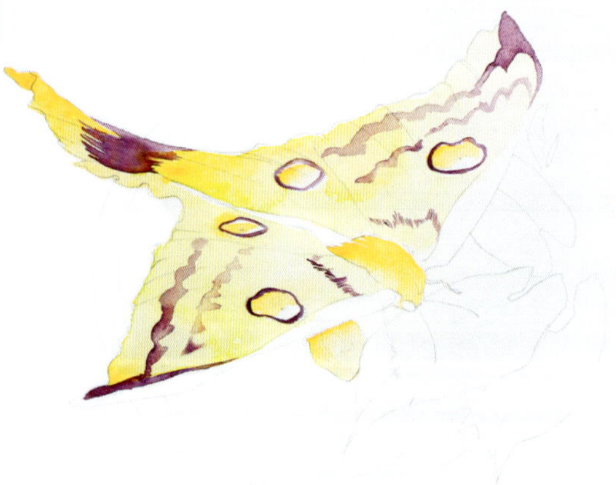

Ein Violettton wird für das Muster auf den Flügeln verwendet.

3

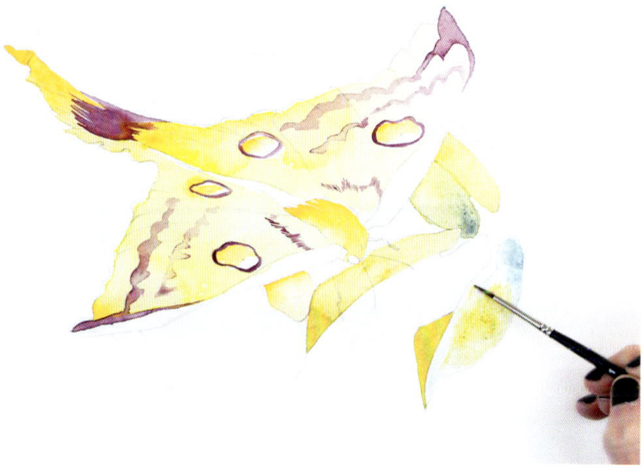

Male die Blätter in Blau und Grün (Lasurgoldgrün) aus. Sorge mit viel Wasser für einen schönen Verlauf, damit sich die Farben auf dem Papier gut vermischen und ein zarter Verlauf entsteht.

4

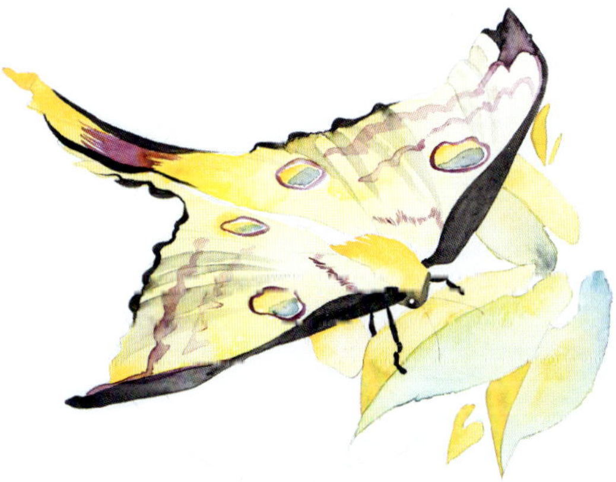

Anschließend werden die schwarzen Ränder der Flügel und die blauen Akzente in den „Augen“ der Flügel ergänzt.

5

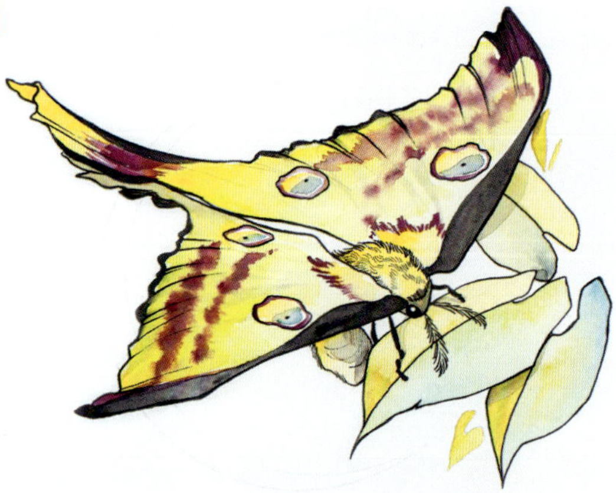

Da mir das violettfarbene Muster auf den Flügeln noch zu steif war, habe ich es mit der Nass-in-Nass-Technik aufgelöst. Arbeite mit viel Wasser und tupfe vor dem Trocknen sanft frische Farbe darüber. So ergibt sich ein schöner Aquarelleffekt, und die Farbe zerfließt. Danach werden die Konturen mit Fineliner nachgezogen.

6

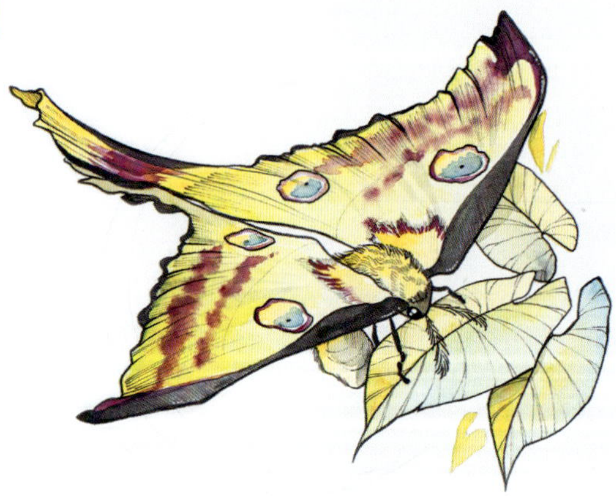

Zeichne mit einem sehr feinen Stift die Blattadern, eine feine Linienschraffur in den Flügeln und eine fellartige Schraffur auf dem Körper der Motte. Leichte Schatten am Bauch und auf den Blättern geben der Motte einen dreidimensionalen Effekt.

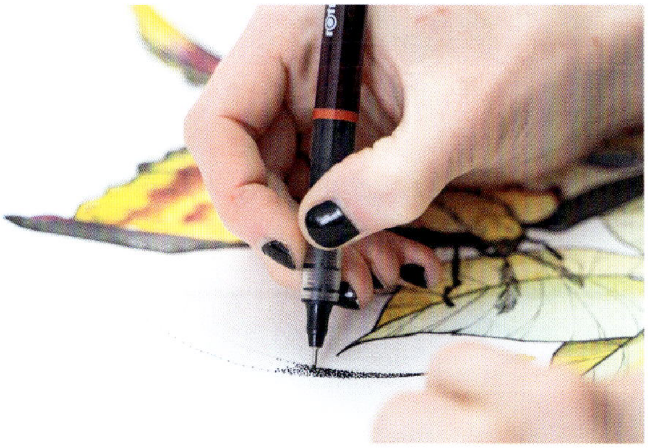

Verzierung

Als Verzierung habe ich passend zum Tiernamen einen Sichelmond in Dotwork-Technik gewählt. Zuerst setze ich die Punkte an den äußeren Rändern und arbeite mich Stück für Stück voran.

Vorlage

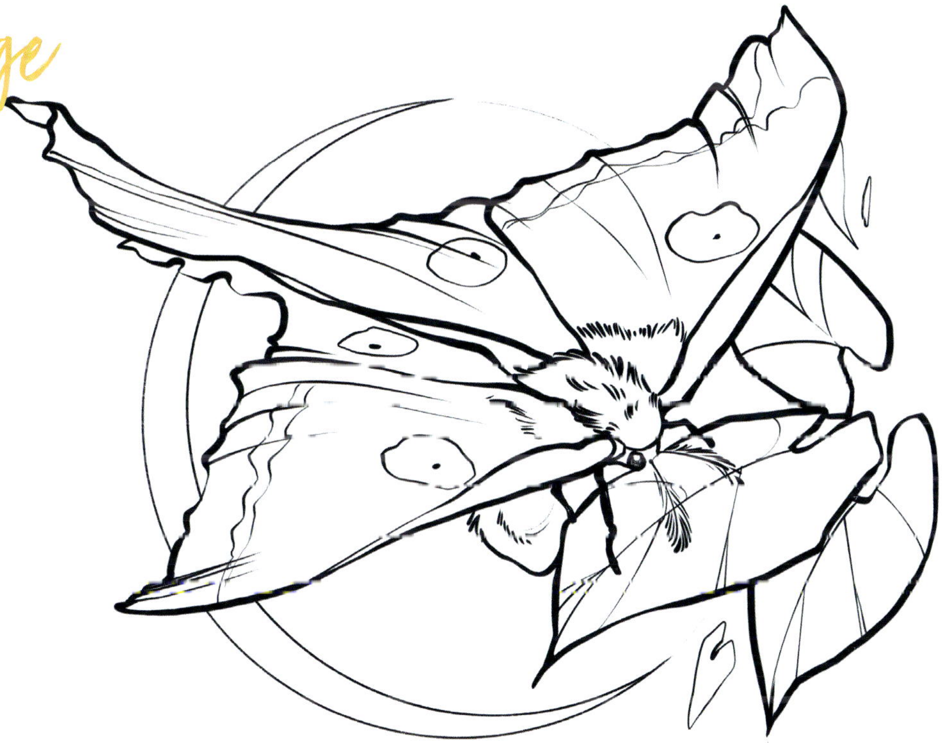

Langur

Languren gehören zur Familie der Meerkatzenverwandten und leben in Süd- und Südostasien. Ihr Name kommt aus dem Hindi und bedeutet „langer Schwanz". Ich finde, das trifft das Motiv ganz gut, oder?

MATERIAL

Aquarellfarben

» Lasurgoldgrün
» Krapplack Rosa
» Chromgelbton dunkel
» Kadmiumorange hell
» Anthrazit
» Elfenbeinschwarz

Sonstiges

» Fineliner
» Rundpinsel, Größe 1, 5 und 10
» Buntstifte
» Zirkel

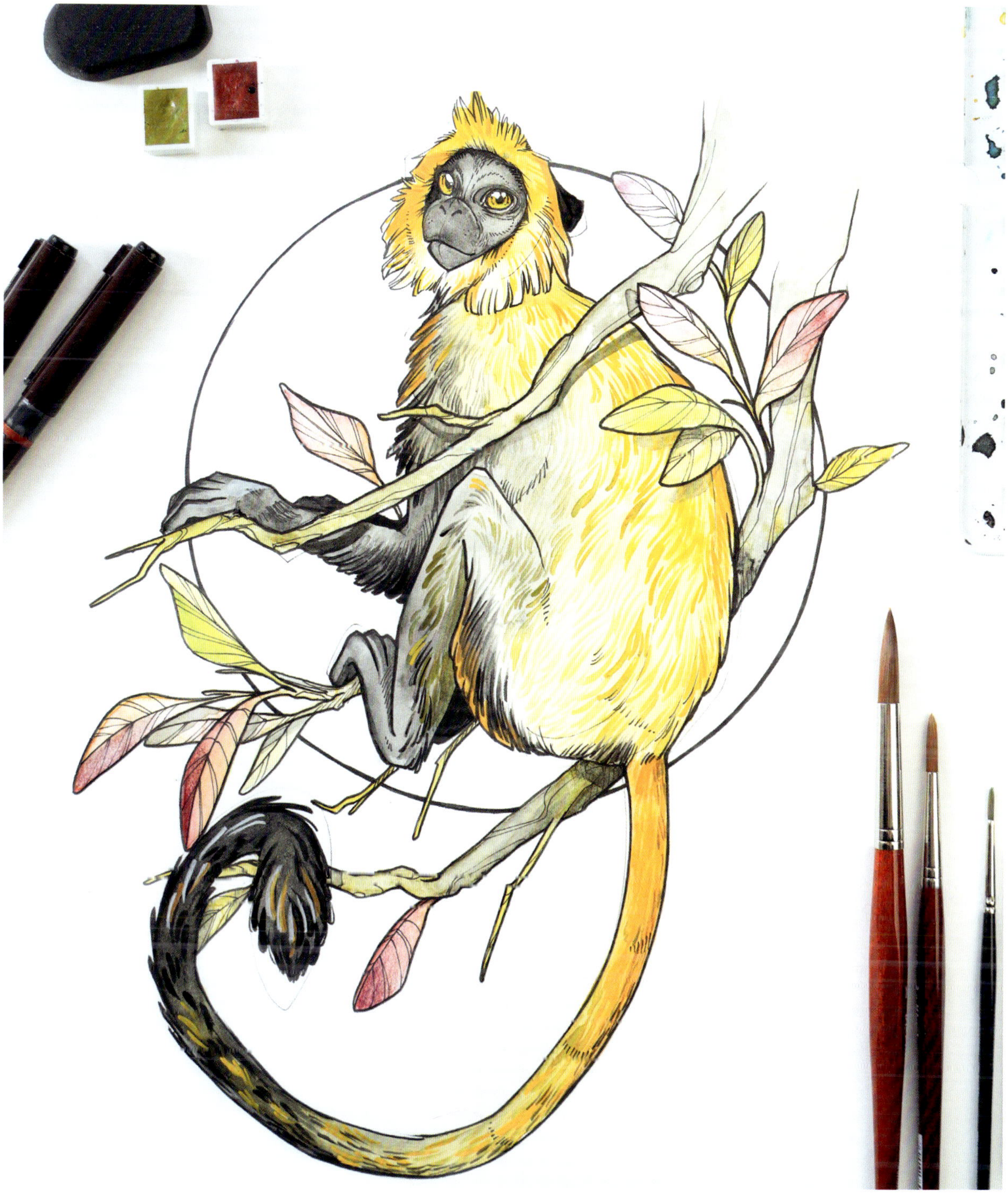

So geht's

1

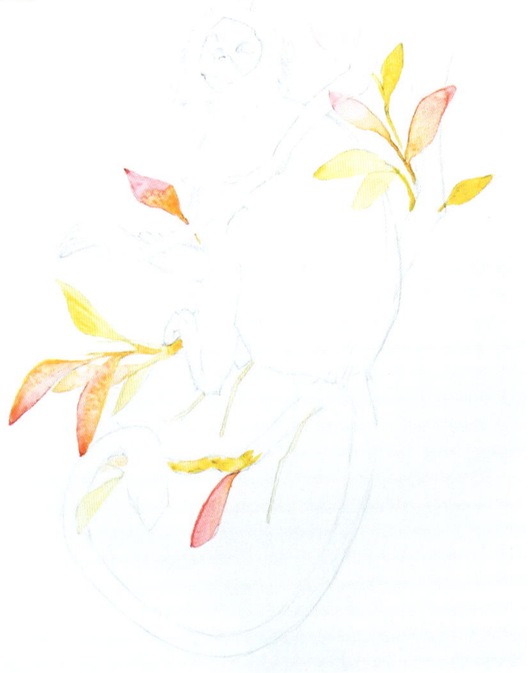

Übertrage die Vorlage leicht mit Bleistift auf dein Papier. Male anschließend jedes Blatt einzeln in der Nass-in-Nass-Technik. Befeuchte zunächst die Oberfläche des Blattes. Ausgehend von der Blattspitze beginnen wir mit Rosa und lassen die Farbe sich in einem schönen Verlauf verteilen. Tupfe vom anderen Blattrand als nächstes etwas Hellgrün dazu, so dass sich die Farben leicht vermischen.

2

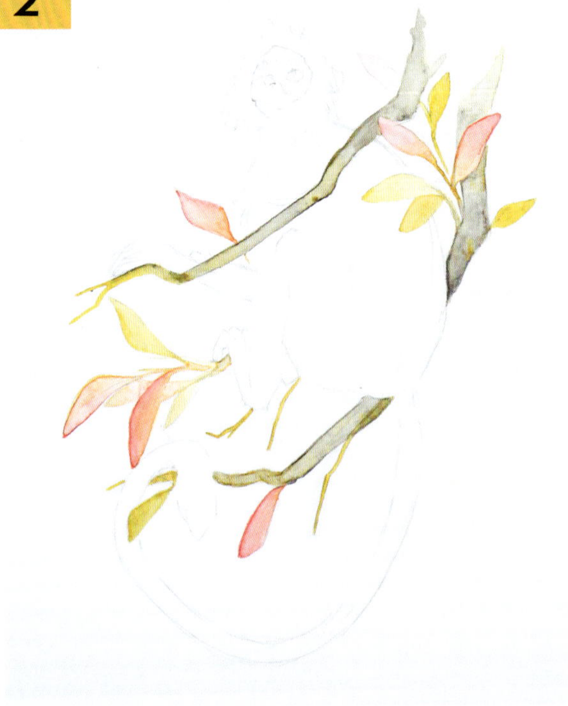

In der gleichen Technik malst du nun den Ast in einer Mischung aus Hellgrün und Grau. Tupfe einige Flecken in die nasse Oberfläche.

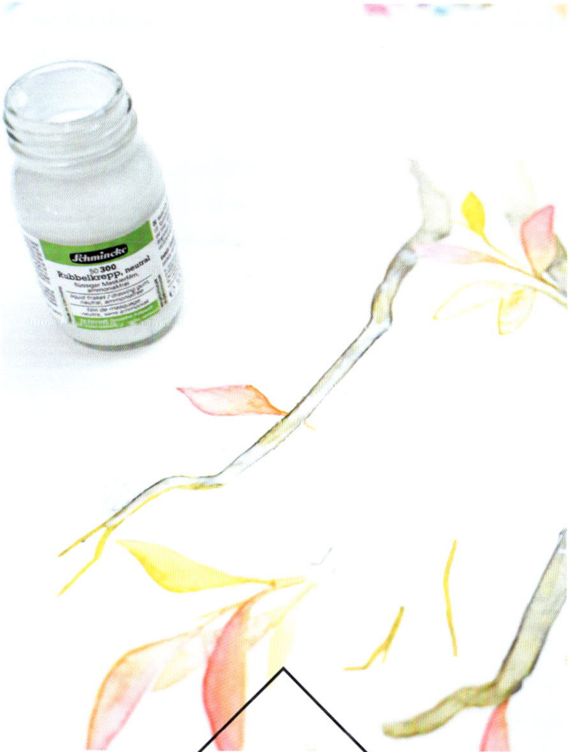

Tipp

Nach dem Trocknen habe ich die Äste und Blätter, die an den Körper des Affen angrenzen, mit Rubbelkrepp maskiert. Damit verhindere ich, dass sich die Farben des Astes verwischen, während ich das Fell des Affen male. Wenn alles fertig und getrocknet ist, kann man das Rubbelkrepp durch Reiben entfernen.

3

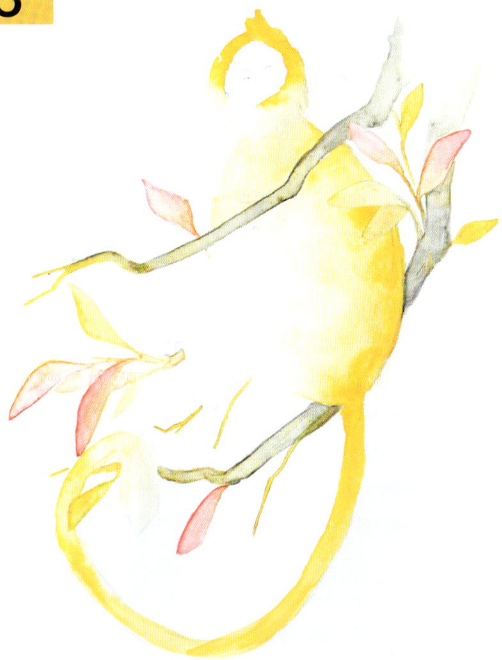

Die Grundfarbe des Fells ist ein leuchtendes Orange. Füge einen Verlauf am Kopf und vom Rücken zu den Beinen ein. Gesicht und Beine bleiben frei.

4

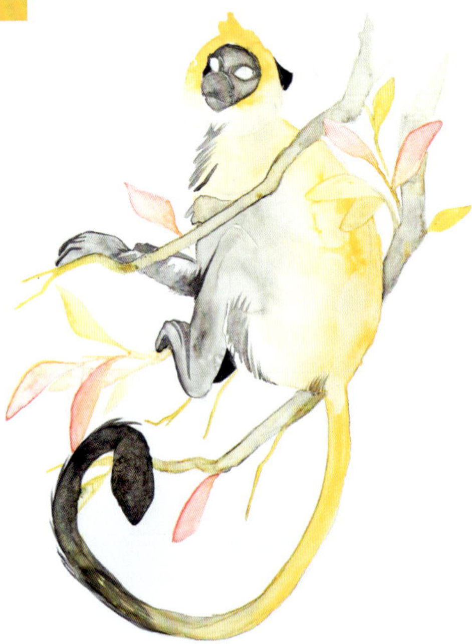

Lege nun in dunklem Grau das Gesicht und die Beine an. Sie schaffen einen starken Kontrast zum goldgelben Fell. Die Schwanzspitze, das Ohr und das zum Teil verdeckte Bein male ich in Schwarz.

5

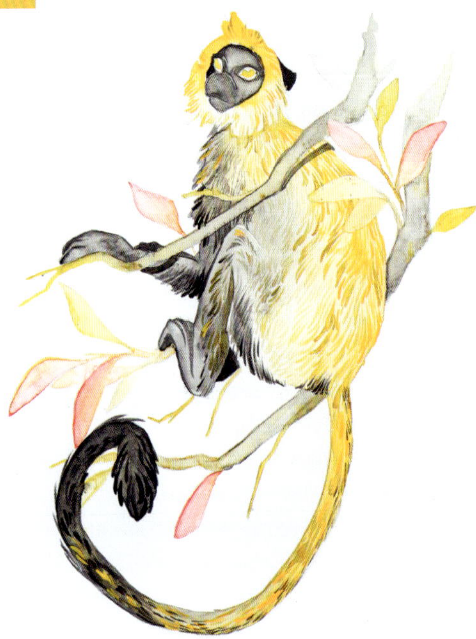

Nachdem alles gut getrocknet ist, geht es an die Details im Fell. Nutze einen kleinen Pinsel und ziehe ihn in einem sanften Schwung übers Papier. Setze die einzelnen Büschel dicht und in unterschiedliche Richtungen zeigend. Ich benutze Hellgrün und Orange im Wechsel und tauche den Pinsel nicht nach jedem Strich neu ein, um verschieden stark gesättigte Pinselstriche zu erhalten. Beides erzeugt ein lebendiges Spiel im Fell.

6

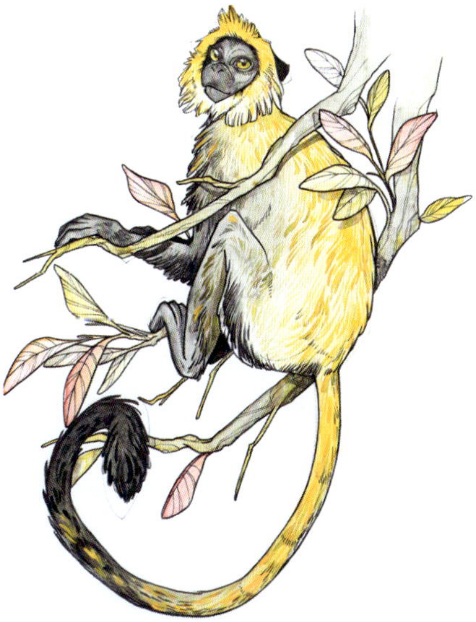

Nach vollständiger Trocknung kannst du das Rubbelkrepp entfernen und mit den Konturen beginnen. In gewohnter Art kannst du dezente Schraffuren und einige Bewegungslinien ergänzen. Ziehe Blattadern entlang der Blattmitte und ergänze Schatten bei den sich überlappenden Blättern und Ästen. Zum Schluss habe ich mit Buntstiften noch einige kräftige Akzente in Orange beim Affen und in Violett bei den Blättern gesetzt. Die verzierende Form, in meinem Fall der Kreis, kannst du dir aussuchen.

Vorlage

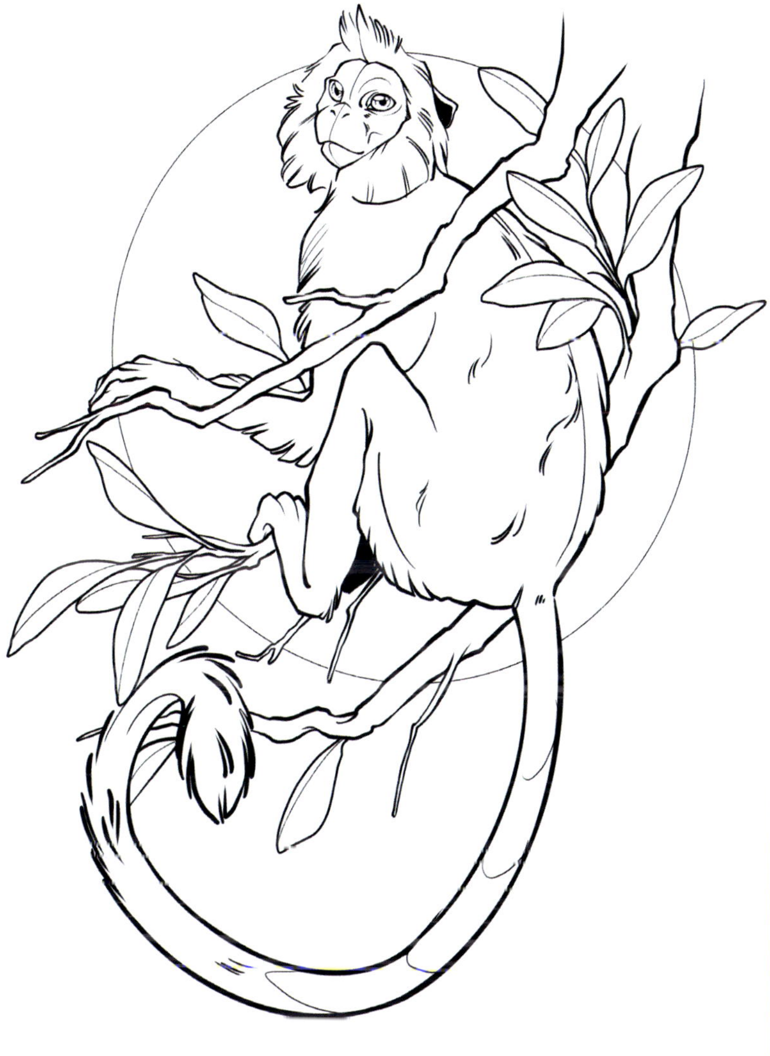

Braunbär

Der Bär ist eines der größten an Land lebenden Tiere und Thema vieler Mythen und Sagen. Das Motiv vereint eine schroffe Berglandschaft mit dem stolzen Charakter des Bären.

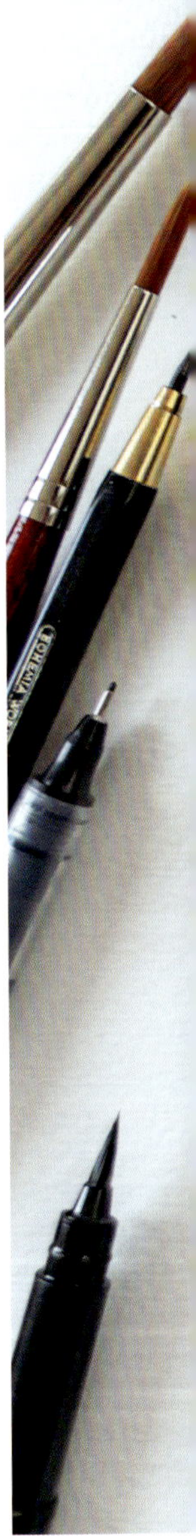

MATERIAL

Aquarellfarben

- Lasurgoldgrün
- Olivgrün gelblich
- Kadmiumgelb und -orange
- Chromgelb- und -orangeton
- Türkisblau
- Indigo
- Anthrazit

Sonstiges

- Rundpinsel, Größe 1, 5 und 10
- Fineliner

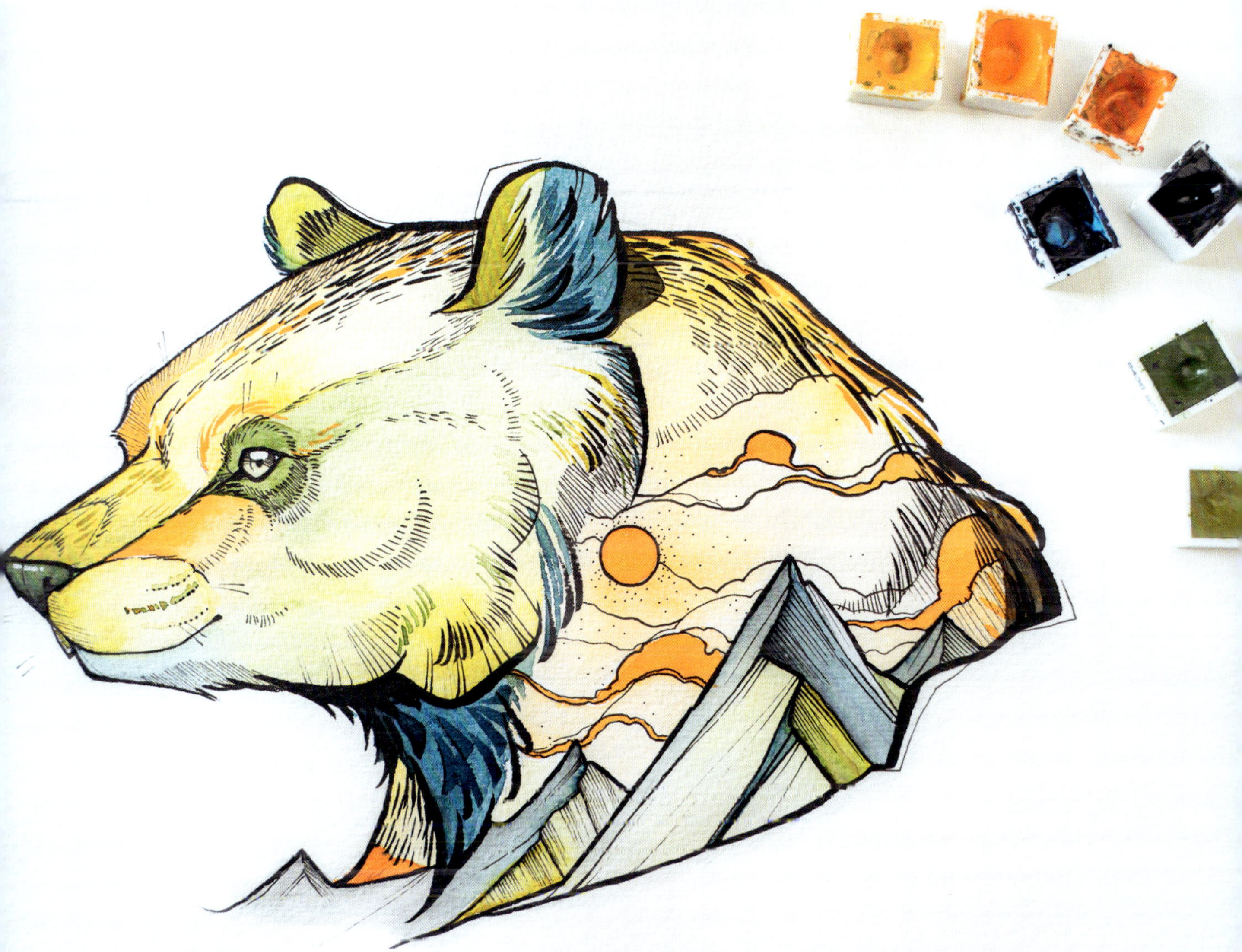

So geht's

1

Übertrage die Vorlage leicht mit Bleistift auf dein Papier. Grundiere den Kopf an Stirn, Schnauze und Nacken in Gelbtönen. Arbeite mit viel Wasser, damit weiche Übergänge entstehen.

2

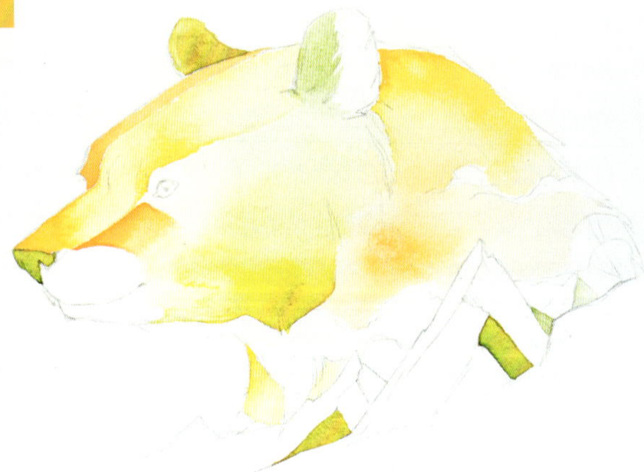

Fülle nun in einem hellen Grün die restlichen Flächen des Gesichts, der Nase, Ohren und Teile der integrierten Berglandschaft. Achte beim Gesicht des Bären auf einen weichen Verlauf. Bei Nase und Landschaft grenzen sich die Flächen dagegen mit einer harten Kante ab.

3

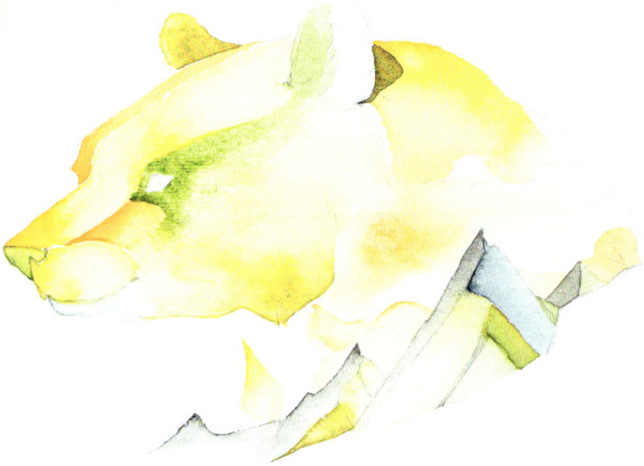

Male die restliche Bergkette mit Grau nach, sie soll nach unten hin sanft auslaufen. Füge noch blaue Akzente hinzu. Lass alles gut trocknen.

4

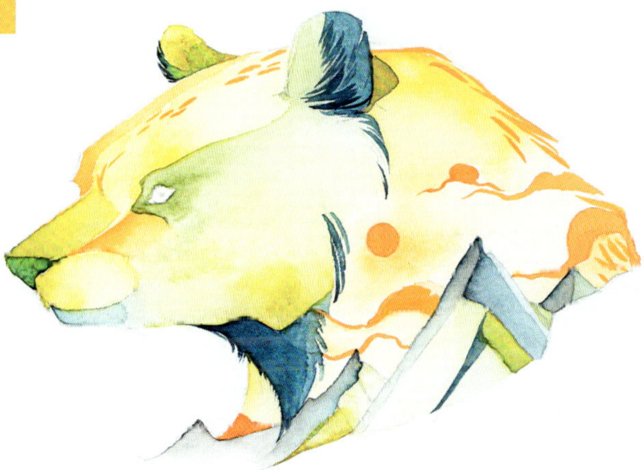

Jetzt kannst du in leuchtendem Orange die Sonne, Wolken und vereinzelte Fellsträhnen ergänzen. Arbeite hier mit wenig Wasser, damit das Pigment besonders satt und leuchtend wirkt. Auch dunkelblaue oder türkisfarbene Striche am Kragen und in den Ohren geben dem Motiv mehr Tiefe.

5

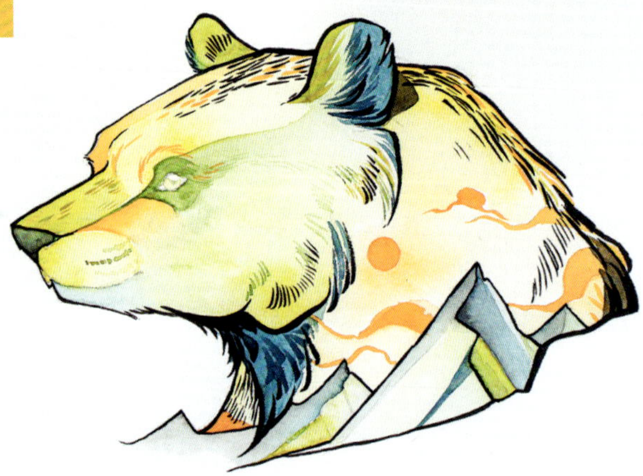

Sobald alle restlichen Flächen ausgemalt sind und das Bild gut getrocknet ist, werden die Konturen gezeichnet. Nutze gern einen etwas dickeren Stift dazu und ergänze vereinzelte Fellbüschel.

6

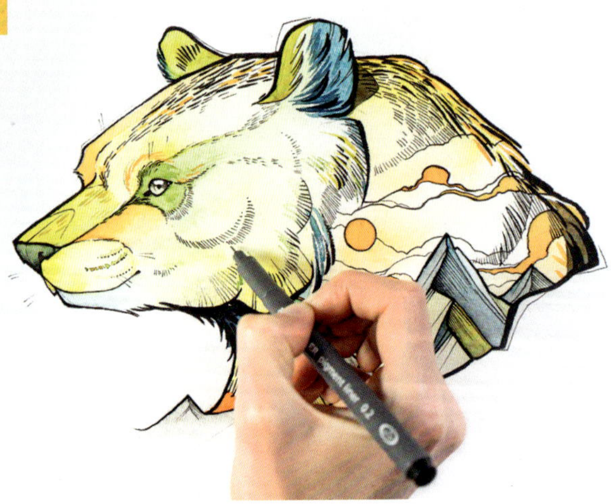

Mit einem Stift mit dünnerer Spitze kannst du feine Strukturen in Form von kurzen, dicht gesetzten Strichen erzeugen. Empfinde dabei die Form des Bärenkopfes nach. Zeichne die Kanten der Wolken und füge Punkte um die Sonne hinzu. Feine, parallel verlaufende Linien entlang der Grate verstärken die steilen Abhänge der Berglandschaft.

Vorlage

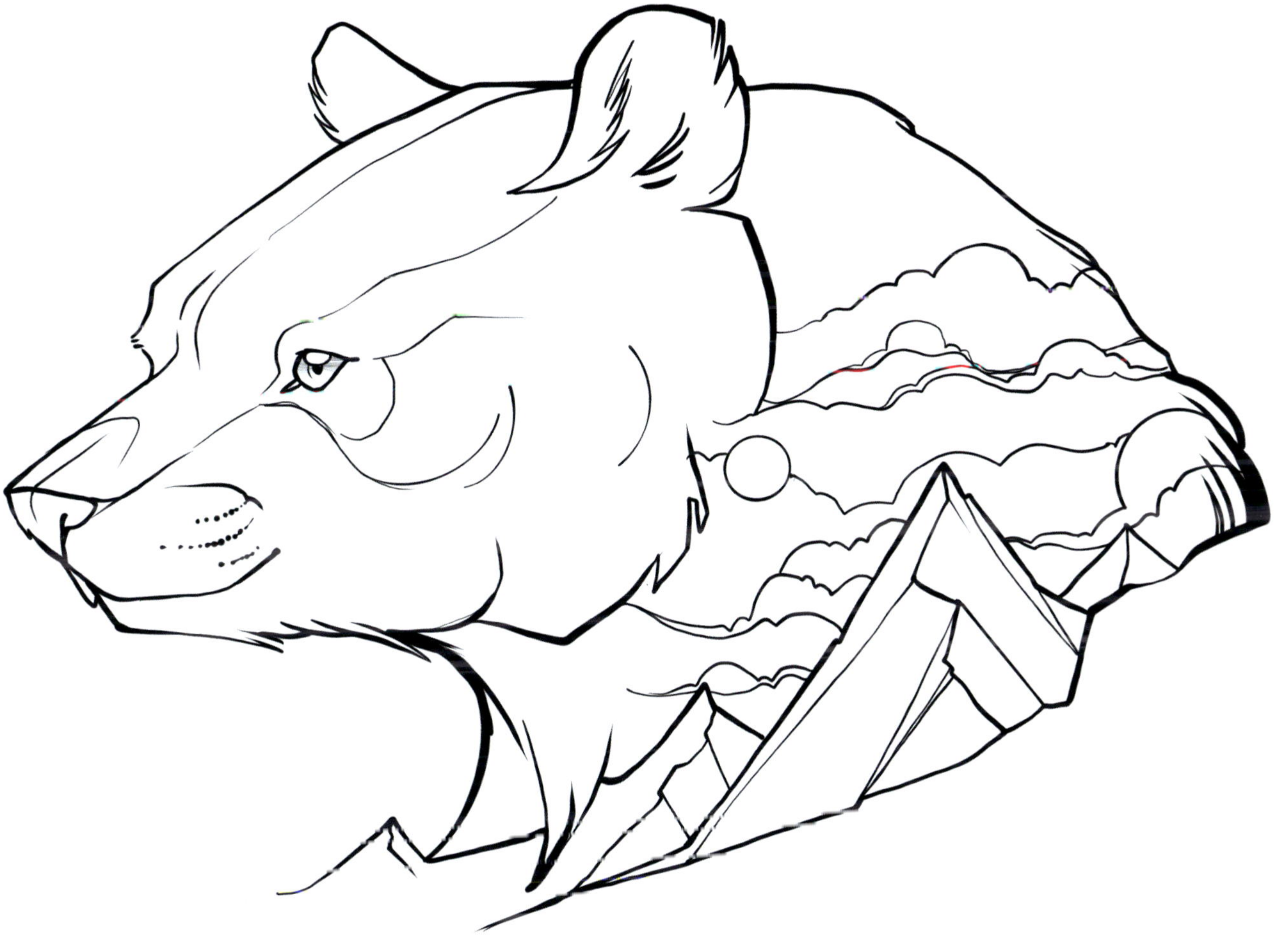

Pandabär

Der große Panda, oder auch Riesenpanda, ernährt sich zu 99 Prozent von Bambus und gehört derzeit zu den gefährdeten Tierarten. Obwohl der Bär bis zu 160 Kilogramm schwer werden kann, sieht er doch trotzdem aus wie ein zu groß geratener Teddybär, oder?

MATERIAL

Aquarellfarben

- Indigoblau
- Olivgrün gelblich
- Lasurgoldgrün
- Chromgelbton dunkel
- Kadmiumorange hell

Sonstiges

- Rundpinsel Größe 1, 5 und 10
- Fineliner
- evtl. Buntstifte
- Zirkel

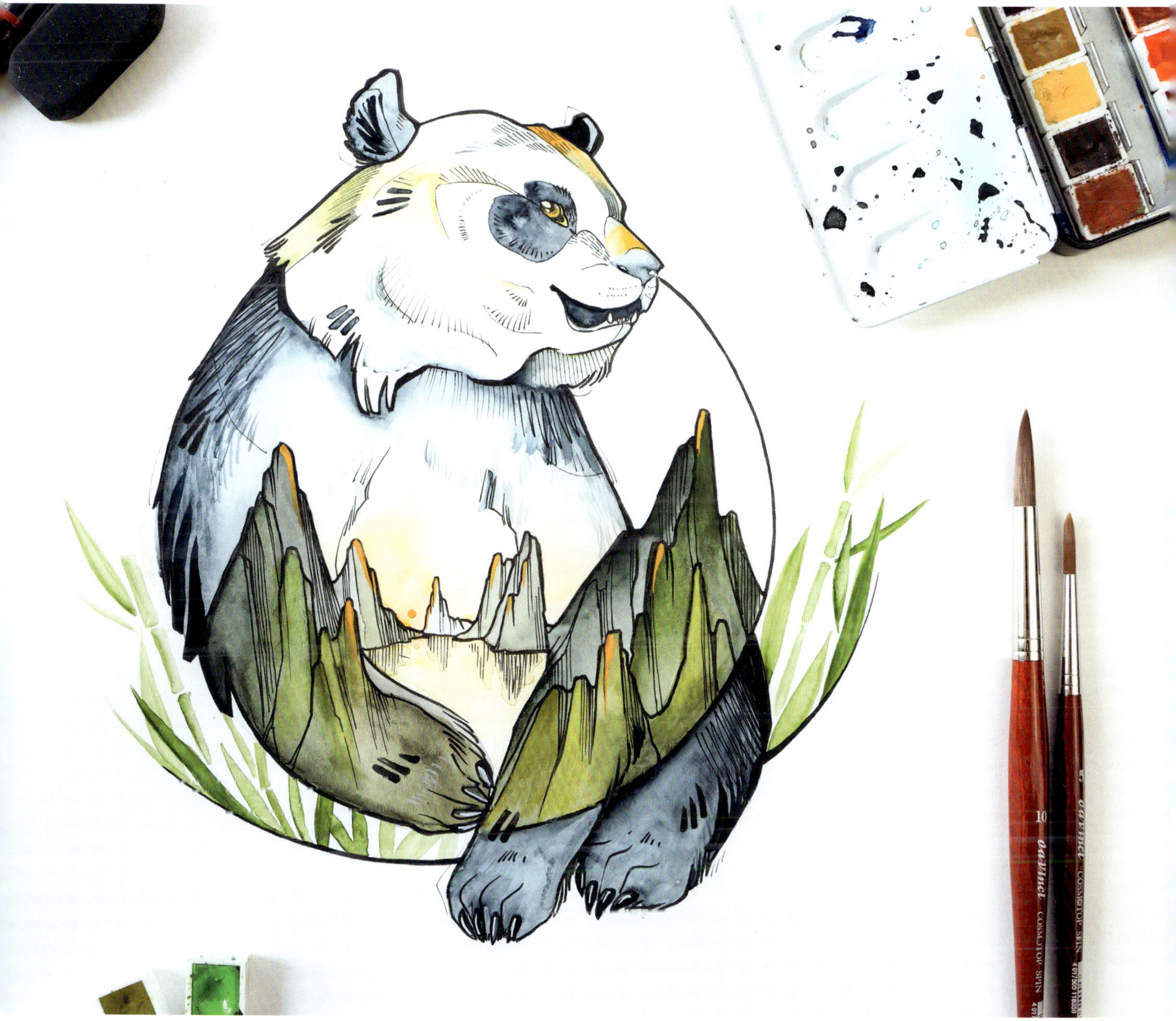

So geht's

1

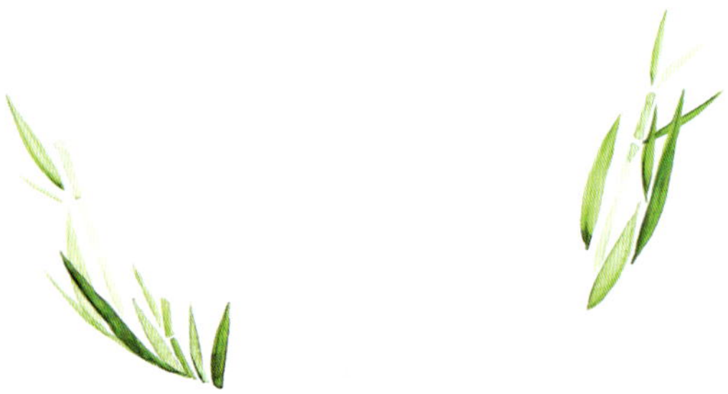

Übertrage die Vorlage leicht mit Bleistift auf dein Papier. Anschließend beginnst du damit, einige Bambusstiele, die den Pandabären umrahmen, in Grüntönen zu malen.

2

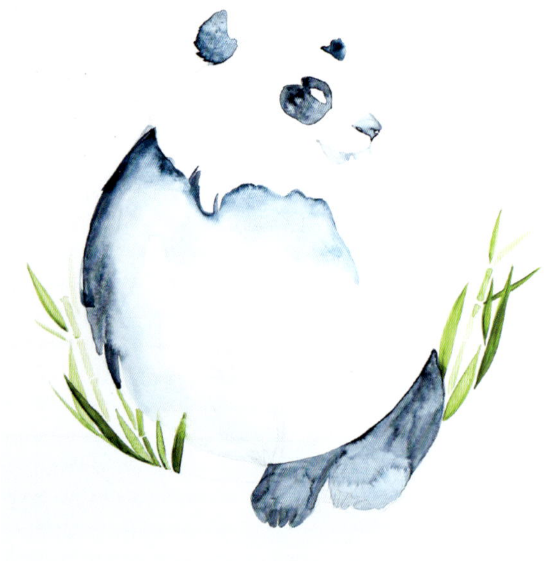

Trage die Grundfläche der dunklen Fellzeichnung des Pandas auf. Nutze die Verlaufstechnik und gestalte die Farbe Richtung Mitte immer blasser. Dort soll später ein großer Teil der integrierten Landschaft entstehen. Achte auch auf die Kreisform, die sich rechts unten im Farbauftrag wiederfindet.

3

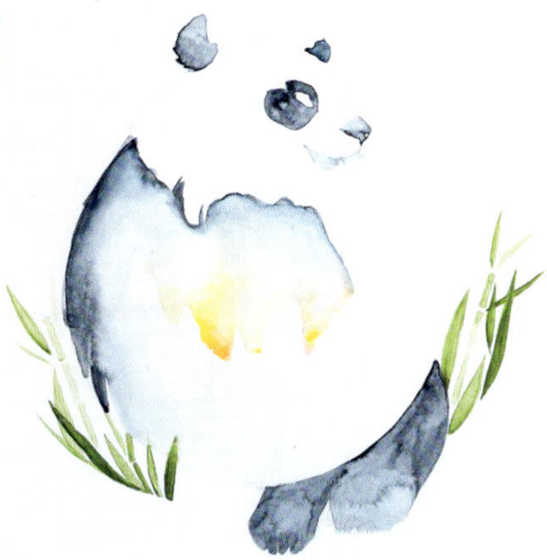

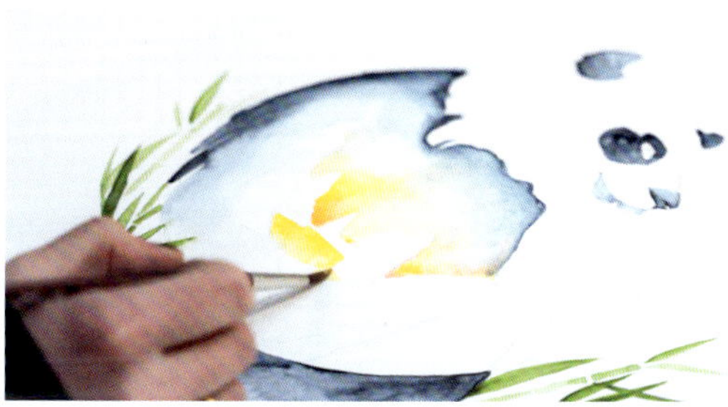

Die integrierte Landschaft stellt bewachsene Berge dar, die aus einem Flusslauf ragen. Im Hintergrund soll die Sonne untergehen. Spare die Bergkette aus und male einen Verlauf von Orange zu Gelb entlang des Horizonts. Arbeite zügig, damit das Blau aus dem vorherigen Schritt noch feucht ist und sich gut mit dem Gelb zu einem Abendhimmel vermischen kann. In umgekehrter Richtung sind die Farben der Wasseroberfläche des Flusses anzulegen.

4

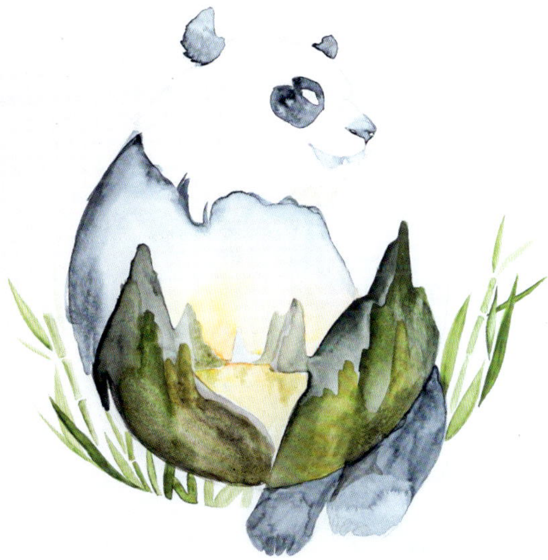

In dunklem Grau und Grün werden nun die Berge gemalt. Die im Hintergrund liegenden Berge sind dabei wesentlich blasser, also farbloser darzustellen als die Berge im Vordergrund. So erzeugst du Perspektive in der Landschaft. Die Berge im Vordergrund sind außerdem detailreicher. Füge dort mit warmem Grün noch einige kleine Gipfel hinzu.

5

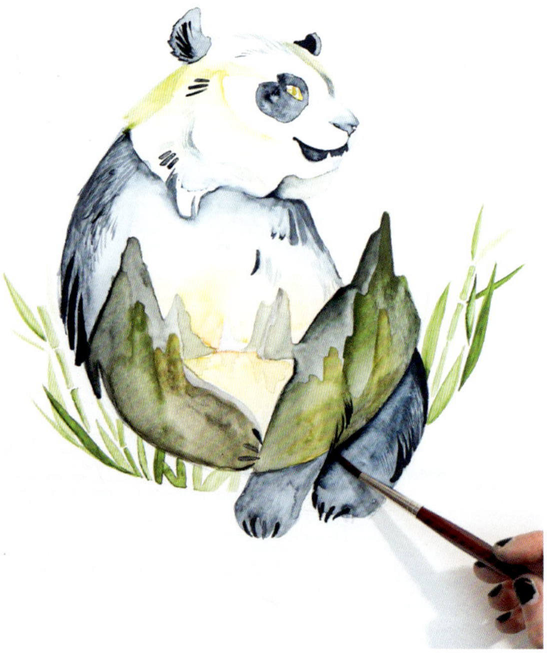

Der Kopf des Pandas wird teils in Hellgrün, teils in abgeschwächtem Blau schattiert. Modelliere die Rundung des Kopfes und die dicken Backen mit einem leichten Verlauf. Füge bei den Pfoten weitere Schattenkanten hinzu und male spielerisch einige Fellbüschel auf die getrockneten Flächen.

6

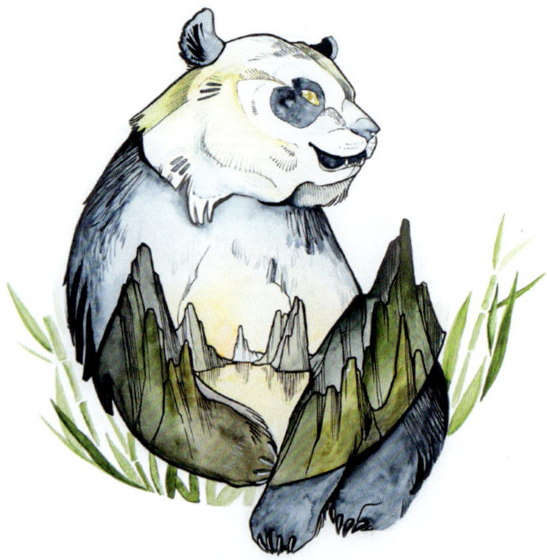

Ist alles getrocknet, beginnst du nun die Konturen nachzuzeichnen. Die Berge erhalten eine nahezu senkrechte Schraffur. Unterstütze die runde Form des Pandabärkopfes, indem du die Linienschraffur in Richtung eines Zentrums entlang der farbigen Bögen ziehst.

Vorlage

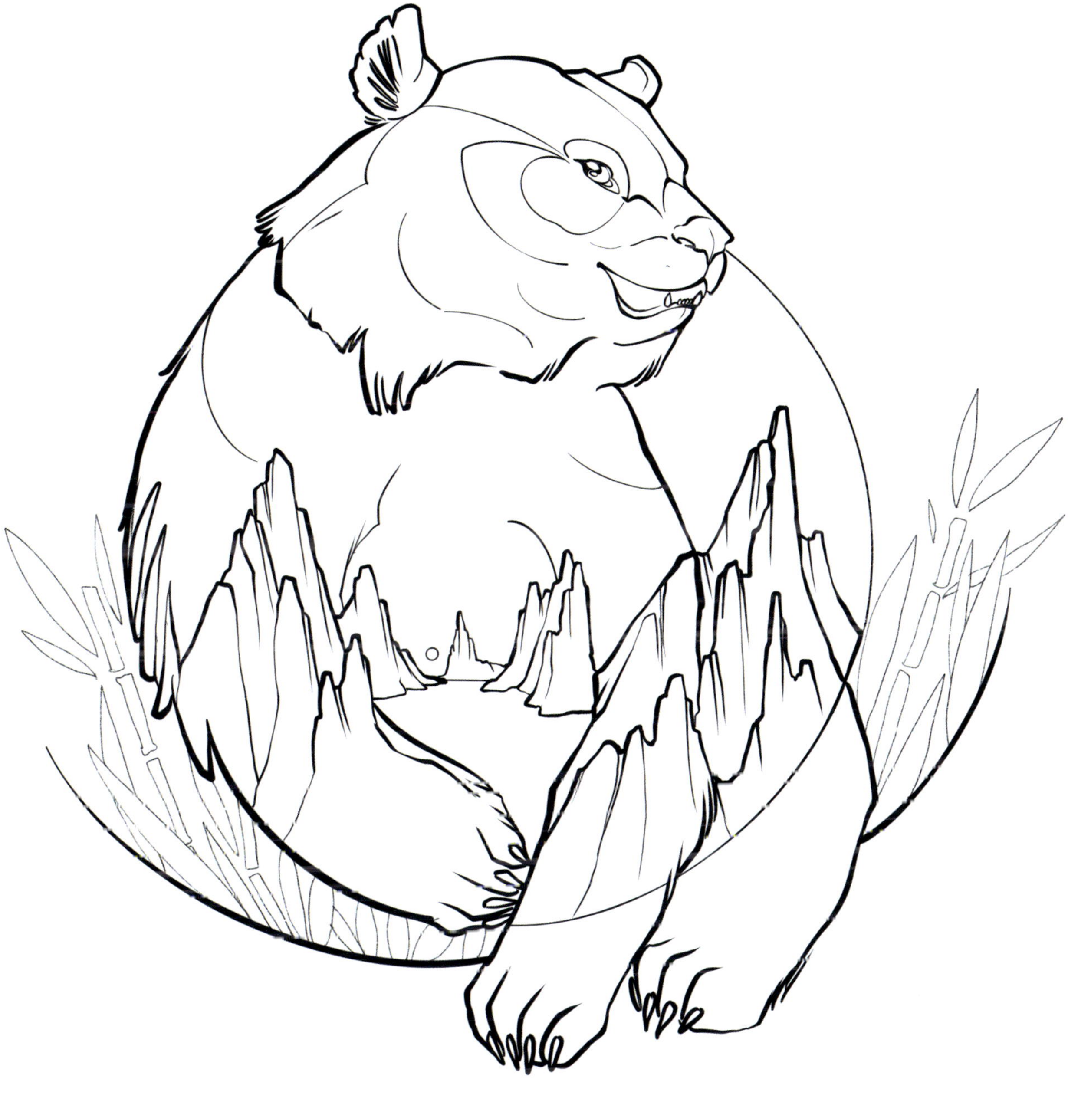

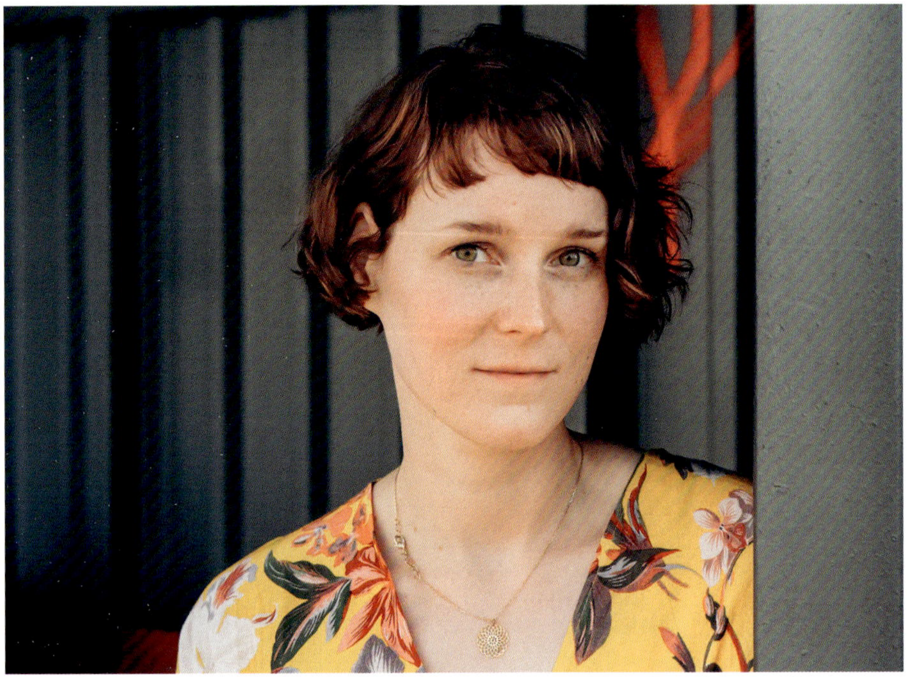

Über die Autorin

Susanne Loose studierte Architektur und arbeitete zunächst fünf Jahre als Architektin in verschiedenen Großstädten. Schon bald wurde ihr der Büroalltag zu farblos, und sie suchte nach einem kreativen Ausgleich, den sie schließlich beim Illustrieren und Tätowieren fand. Heute arbeitet sie als selbstständige Tattoo-Künstlerin in einem kleinen Atelier, wobei der gestalterische Anspruch der Entwürfe für sie an erster Stelle steht. Diesen Anspruch und die Freude am Malen und Zeichnen möchte sie mit ihren Illustrationen vermitteln. Inspiration für ihre Motive findet sie vor allem in der Tierwelt oder bei Ausflügen in die Berge.

Danksagung

Dieses Buch entstand in einer für uns alle außergewöhnlichen, fordernden Zeit, der Coronapandemie. Oft habe ich wütend Stifte in die Ecke geworfen, weil mir die Decke auf den Kopf fiel. Mir fehlten der kreative Austausch mit Kollegen und Freunden, neue Ideen durch Reisen in die Berge. Zusätzlich galt es, einen Hausbau und Umzug durchs halbe Land zu regeln, und die Zukunft meines Jobs stand in den Sternen.

Einer der glücklichsten Momente in dieser Zeit war der Einzug meiner Katze Murphy im November 2020. Dieses kleine Wesen hat mich gerettet, mich zum Aufstehen gezwungen an Tagen, an denen ich lieber liegen geblieben wäre. Sie hat unser Haus zu einem Zuhause gemacht und das Zuhausebleiben zu einem Segen. Mit einem schnurrenden Bündel auf dem Schoß zeichnet es sich leichter, und gemeinsame Ausflüge in den Garten waren unsere Kreativpause. Sie war mein Motivator und meine Muse. Ich bin sehr dankbar für jede Sekunde mit ihr in den fünf Monaten, die sie bei uns war.

Besonderer Dank gilt auch meinem Mann Pascal, der mir hilft, Chancen anzunehmen, mir geduldig den Umgang mit der Kamera erklärt hat und meine Launen immer mit Humor nimmt. Er hat mich stets bestärkt, meine Leidenschaft zum Beruf zu machen und von meiner Kunst zu leben.
Vielen Dank dem EMF Verlag für die Möglichkeit, dieses Buch zu gestalten, insbesondere an Nora und das Malen- und Zeichnen-Team.

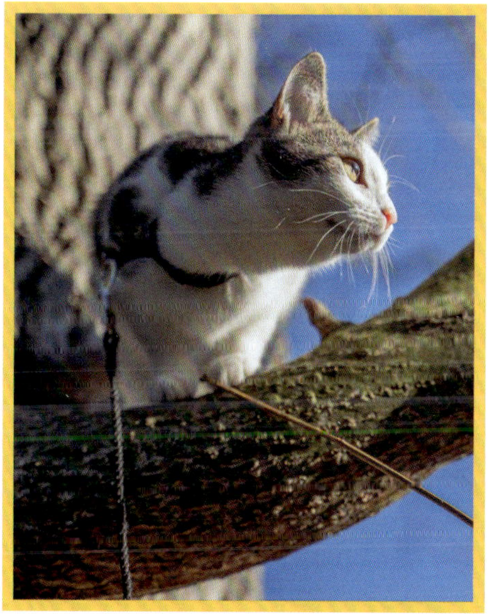

Murphy, geboren im Mai 2020, verstorben am 13.04.2021

Das kleinste Katzentier ist ein Meisterstück.

Leonardo da Vinci

Impressum

Bibliografische Information der Deutschen Bibliothek.

Die Deutsche Bibliothek verzeichnet diese Publikation in der Deutschen Nationalbibliografie. Detaillierte bibliografische Daten sind im Internet über http://www.dnb.de/ abrufbar.

EIN BUCH DER EDITION MICHAEL FISCHER
1. Auflage 2021

Covergestaltung: Anna Köperl
Redaktion und Lektorat: Nora Köpp
Layout und Satz: Anna Köperl
Fotos: © Susanne Loose und Pascal Feller

ISBN 978-3-7459-0422-2
Gedruckt bei Polygraf Print, Čapajevova 44, 08001 Prešov, Slowakei

www.emf-verlag.de

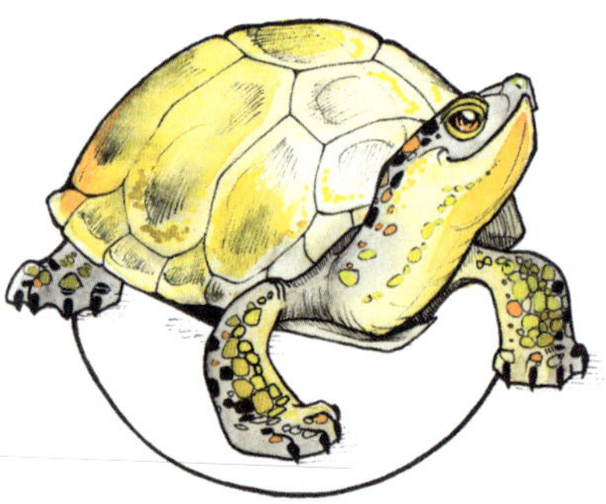